高等职业教育汽车检测与维修专业规划教材
国家示范性高等职业院校建设计划项目

实施汽车离合器和手动变速器维修

主　编　谢　越
副主编　秦传江
参　编　黄朝慧　钟小林　刘明君

机 械 工 业 出 版 社

本书是国家示范性高等职业院校建设计划项目的系列教材，是以《汽车维修技术人员培训能力标准》为依据编写的。

本书突出“做中学、学中做”的原则，按照能力标准组织教学内容，着重介绍了汽车离合器和手动变速器的拆装、检测技术，将理论和实践结合起来，把传授知识和能力培养结合起来，加强了职业安全意识和职业素养的教育。

本书是以理实一体化教学为目标设计并编辑的，编写新颖，内容详实，重在实践能力的培养，可以用作高等职业院校汽车检测与维修及相关专业的教材，也可作为汽车服务人员及企业员工的培训用书。

图书在版编目（CIP）数据

实施汽车离合器和手动变速器维修/谢越主编．—北京：机械工业出版社，2010.1（2013.7 重印）
高等职业教育汽车检测与维修专业规划教材．国家示范性高等职业院校建设计划项目
ISBN 978-7-111-29388-0

Ⅰ．实…　Ⅱ．谢…　Ⅲ．①汽车-离合器-维修-高等学校：技术学校-教材②汽车-变速装置-维修-高等学校：技术学校-教材　Ⅳ．U472.41

中国版本图书馆 CIP 数据核字（2009）第 234114 号

机械工业出版社（北京市百万庄大街 22 号　邮政编码 100037）
策划编辑：李超群　王海峰　责任编辑：张双国
版式设计：霍永明　封面设计：路恩中
责任校对：吴美英　责任印制：张　楠
北京京丰印刷厂印刷
2013 年 7 月第 1 版·第 2 次印刷
184mm×260mm·11.5 印张·225 千字
3 501—5 500 册
标准书号：ISBN 978-7-111-29388-0
定价：22.00 元

凡购本书，如有缺页、倒页、脱页，由本社发行部调换

电话服务	网络服务
社服务中心：(010)88361066	教材网：http：//www.cmpedu.com
销售一部：(010)68326294	机工官网：http：//www.cmpbook.com
销售二部：(010)88379649	机工官博：http：//weibo.com/cmp1952
读者购书热线：(010)88379203	**封面无防伪标均为盗版**

前言

本套教材是重庆工业职业技术学院国家示范性高等职业院校建设项目的主要成果。在“校企合作、工学结合”理念的指导下，汽车专业教学团队创新了“能力标准、课程体系、职业证书”三位一体的汽车维修高技能人才培养模式，并以此为切入点，带动课程体系与教学内容改革，在重庆市汽车行业协调委员会的指导下，积极与行业企业合作，开发出《汽车维修技术人员培训能力标准》，并以此为依据编写了汽车检测与维修系列教材。

汽车检测与维修系列教材成立了编写小组：江洪任组长，李雷任副组长，赵计平、袁苗达、王怀建、梁代春、程飞、黄朝慧、谢越、黄晓英、张晋源、兰文奎、俞昌群、刘明君、陈磊任小组成员。

本书是根据《汽车维修技术人员培训能力标准》的核心能力标准《QTPBW033 实施汽车基本故障检修》、《QTPBW040 检查和维护手动变速器》、《QTPBW074 检查和维修离合器总成及操纵系统部件》、《QTPBW075 维修手动变速器》、《QTPBW092 维修离合器总成和相关零部件》、《QTPBW093 维修手动变速器零部件》编写的。

本书借鉴了国际职业教育的先进理念，实施理实一体化教学，按照岗位能力要求组织教学内容，在工作场所中通过完成工作任务的方式来进行理论知识与实践技能的学习，培养学生分析和解决问题的能力，同时兼顾学生职业素养的形成。本书提供了鉴定计划和鉴定工具以便教师和学生使用。

本书分为3个单元，内容按照学习者的认知规律由浅入深地进行编写。单元一是认识离合器和手动变速器的结构和工作过程，主要介绍不同类型的离合器和手动变速器的结构及原理，工作任务以现场识别和拆装零部件为主；单元二是实施离合器和手动变速器的维护与维修，以实施维护、维修任务为主；单元三是实施离合器和手动变速器的故障诊断，主要介绍常见离合器、手动变速器故障的分析方法和检测方法。

本书由重庆工业职业技术学院谢越任主编，由秦传江任副主编。单元一中任务4、5、6由秦传江编写，单元一中任务2由刘明君和黄朝慧编写，单元二由黄朝慧和钟小林编写，其余部分均由谢越编写。

由于编者水平有限，书中难免存在错误或不妥之处，恳请读者和专家批评指正。

编　者

目　录

绪　论

1. 学习目标

本书是根据课程指导性文件《汽车维修技术人员培训能力标准》中的核心能力标准《QTPBW033 实施汽车基本故障检修》、《QTPBW040 检查和维护手动变速器》、《QTPBW074 检查和维修离合器总成及操纵系统部件》、《QTPBW075 维修手动变速器》、《QTPBW092 维修离合器总成和相关零部件》、《QTPBW093 维修手动变速器零部件》，并围绕实施手动变速器维修所必须的能力进行编写的。通过对本书的学习，学习者应具有安全而正确地维修手动变速器的能力。该能力由以下方面组成：

基础知识
1）有关职场健康安全法规、环境保护法，设备、材料和个人安全要求的知识。 2）与离合器和手动变速器相关的安全知识。 3）换挡机构的工作原理。 4）离合器和手动变速器的工作原理。 5）零件磨损的检查方法。 6）离合器和手动变速器的维护程序。 7）离合器和手动变速器的维修程序。 8）离合器和手动变速器的检测程序。 9）离合器和手动变速器的分解和组装程序。 10）离合器和手动变速器部件的调整程序。 11）维修质量的检查程序。 12）维修工作的组织和计划步骤。

基本技能
1）确认客户需求，准备检测工作。 2）检查、测试离合器和手动变速器，分析现象，诊断故障。 3）离合器和手动变速器基本检查和调整。 4）准备维修离合器和手动变速器工作。 5）维修离合器和手动变速器。 6）提交车辆的使用或存放工作。

（续）

关键能力
1）收集、分析和组织信息能力。 2）交流想法和信息能力。 3）计划和组织活动能力。计划维修工作，充分利用时间和资源，区分重点和监督自己工作。 4）团队工作能力。在团队工作中，理解和响应顾客需求，与他人有效互动，共同完成工作目标。 5）解决问题能力。诊断故障的判断力和解决问题的灵活方法。 6）应用数学思想和方法能力。根据测量计算误差，建立质量检验的基本概念。 7）应用技术能力。在维修离合器和手动变速器过程中，应用工具、测量仪器、数字显示测量技术，填写维修作业记录、检查清单等作业文件。

2. 学习前学习者应具备的能力

在开始学习本课程之前，学习者必须完成以下能力的学习。

- 确认维修技术标准和安全操作规范
- 运用安全工作条例
- 使用和维护测量工具
- 使用和维护工具设备
- 使用和维护测量仪器
- 拆卸和检查电气、电子元件、总成
- 电路测试与小修
- 拆装和测试电气控制系统元件
- 安装、测试和维修低压线路及照明系统
- 安装、测试和维修电气安全系统元件

3. 课程学习方法

（1）单元学习内容和学习方法建议　单元学习内容和学习方法建议见表0-1。

表0-1　单元学习内容和学习方法建议

单元名称（能力要素）	学习内容（能力实作指标）	学习方法建议						
		叙述式	互动式	小组讨论	案例分析	角色扮演	实做演示	现实模拟
单元一 认识离合器和手动变速器的结构和工作过程	任务1　认识汽车传动系统	✓						✓
	任务2　认识离合器的动力传递过程	✓	✓	✓			✓	✓
	任务3　认识离合器结构	✓	✓	✓			✓	✓
	任务4　认识变速器	✓	✓	✓			✓	✓
	任务5　认识手动变速器的动力传递过程	✓	✓	✓			✓	✓

（续）

单元名称（能力要素）	学习内容（能力实作指标）	学习方法建议						
		叙述式	互动式	小组讨论	案例分析	角色扮演	实做演示	现实模拟
单元一 认识离合器和手动变速器的结构和工作过程	任务6　认识同步器	✓	✓	✓			✓	✓
	任务7　认识手动变速器操纵机构	✓	✓	✓			✓	✓
	任务8　认识分动器	✓	✓	✓			✓	✓
单元二 实施离合器和手动变速器的维护与维修	任务1　实施离合器和手动变速器维护与维修的准备		✓	✓			✓	✓
	任务2　实施离合器和手动变速器的维护		✓	✓			✓	✓
	任务3　实施离合器的拆装与检修		✓	✓				
	任务4　实施三轴变速器的拆装和检修		✓	✓			✓	✓
	任务5　实施两轴变速器的拆装和检修		✓	✓			✓	✓
单元三 实施离合器和手动变速器的故障诊断	任务1　掌握离合器和手动变速器故障诊断程序	✓	✓	✓	✓	✓	✓	✓
	任务2　实施离合器常见故障诊断	✓	✓	✓	✓	✓	✓	✓
	任务3　实施手动变速器常见故障诊断	✓	✓	✓	✓	✓	✓	✓

（2）学习步骤　学习者可以依据本书在课堂进行学习（包括实习场地），也可以根据自己具备的基本能力，参照本书自己制定学习计划学习。其学习步骤如图0-1所示。

第一步：查找学习信息，学习理论知识。

1）学习信息指导（见图标提示）学习者应该做什么。

2）回答各工作任务中提出的问题。

3）请教师鉴定学习成果。

第二步：当完成理论知识学习后，进行操作技能学习。

1）进行实做活动。

2）找到需要的工具和设备。

3）完成学习用书中的实作任务。

4）让教师鉴定自己的技能，应包含所有文档中的任务。

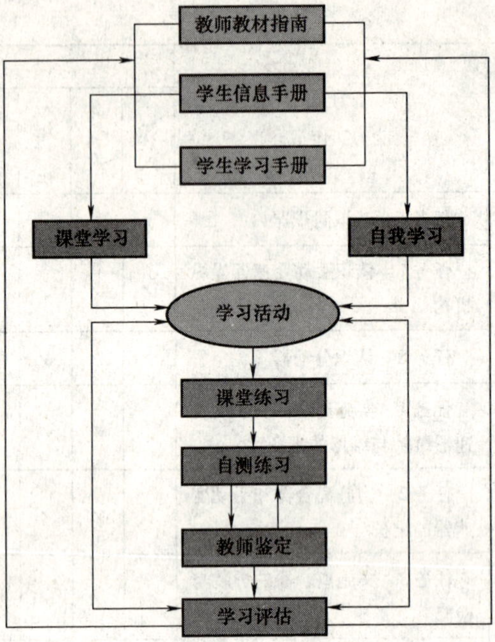

图 0-1　学习步骤

注意：有下列困难时，请求教师的帮助。

1）理论知识

2）查找资料信息

3）理解和完成实作任务

4）理解为何必须做某些事

5）学习中任何其他问题

（3）图标介绍　在学习中，教师和学习者根据书中图标提示的学习步骤及要求进行教学。图标的含义见表 0-2。

表 0-2　图标的含义

图　标	图 标 含 义
	学习目标
	学习资源、学习信息
	学习场所和设备
	安全警告、注意事项

（续）

图　标	图标含义
	问题
	实作任务
	学习鉴定
	学习评估

4. 科目学习鉴定指南

（1）鉴定标准　按照《汽车维修技术人员培训能力标准》中的能力标准《QTPBW033 实施汽车基本故障检修》、《QTPBW040 检查和维护手动变速器》、《QTPBW074 检查和维修离合器总成及操纵系统部件》、《QTPBW075 维修手动变速器》、《QTPBW092 维修离合器总成和相关零部件》、《QTPBW093 维修手动变速器零部件》等规定的能力进行鉴定。

（2）鉴定关键证据　考察学习者在变化的工作情况下采用应对措施的能力。

- 遵守安全操作规范。
- 有效地与相关工作人员和客户交流。
- 选择适合工作需要的检测维修方法和操作技能。
- 完成一系列工作准备活动。
- 解释测试结果。
- 按照制造商、零部件供应商提供的说明书要求，进行离合器和手动变速器维修。
- 在规定时间内完成离合器和手动变速器的维修。
- 向顾客交付车辆。

（3）鉴定范围

- 基础知识和技能可以在岗或离岗进行鉴定。
- 实践技能的鉴定应当在经过一段时间的指导实践和重复练习取得经验后进行。如果不能提供真实鉴定，可以在模拟的工作场所进行鉴定。
- 规定的任务必须独立完成。

（4）鉴定方法　鉴定必须符合维修技术标准和安全操作规范，必须确认知识与技能的一致性和准确性。本课程的鉴定方法见表 0-3。

表 0-3　本课程的鉴定方法

单元名称 / 鉴定方法	单元一 认识离合器和手动变速器的结构和工作过程	单元二 实施离合器和手动变速器的维护与维修	单元三 实施离合器和手动变速器的故障诊断
工作场所观察	★	★	★
模拟或角色扮演	★	★	★
口头提问	★	★	★
书面提问	★	★	★
技能展示		★	★
案例分析		★	★
项目工作和任务		★	★
证据素材收集		★	★

（5）鉴定时间安排　鉴定时间安排见图 0-2。

5. 教学评估方法

（1）教学评估目的　教学评估是对学生学习需求与效果的及时反馈，是对课程教学活动设计和实施过程的质量监控，是对学生学习参与程度的及时检查。

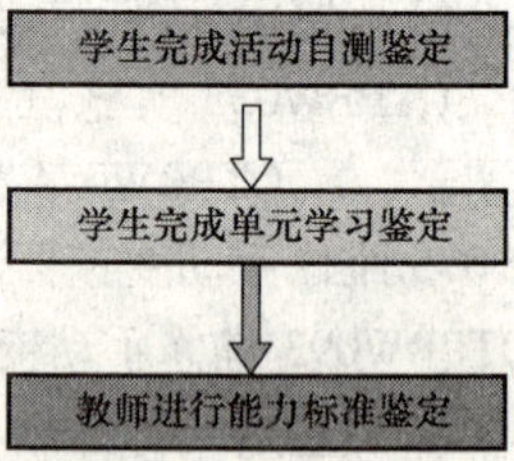

图 0-2　鉴定时间安排

（2）教学评估的标准　按照《汽车维修技术人员培训能力标准》中的能力标准《QTP-BW033 实施汽车基本故障检修》、《QTPBW040 检查和维护手动变速器》、《QTPBW074 检查和维修离合器总成及操纵系统部件》、《QTPBW075 维修手动变速器》、《QTPBW092 维修离合器总成和相关零部件》、《QTP-BW093 维修手动变速器零部件》进行学习效果和学习需求评估。

（3）教学评估计划　教学评估计划如图 0-3 所示。

（4）教学评估工具　本书附有学生评估工具，教师和学生可以使用这些评估工具从学习用书、教学方法、学习方法、学习鉴定等 4 个方面开展教学评估；教师也可以根据教学中的具体情况，自己设计评估问卷，进行教学评估，监控教学质量。

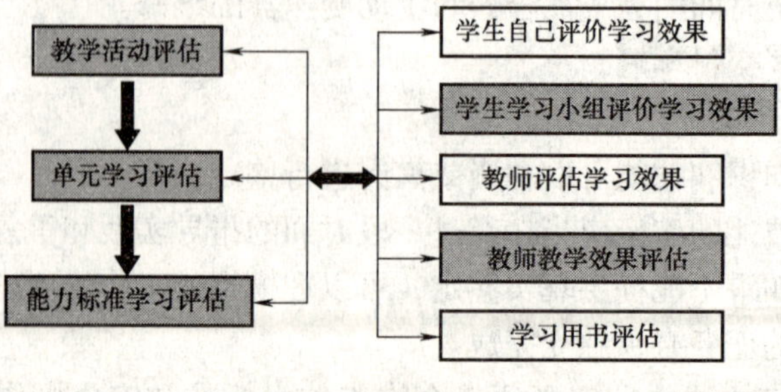

图 0-3　教学评估计划

单元一　认识离合器和手动变速器的结构和工作过程

单元学习目标

通过本单元的学习，认识汽车传动系统并形成识别各工作部件的能力。其具体表现为：

1）认识汽车传动系统和传动理论。

2）认识汽车传动系统的构成和功用。

3）认识汽车离合器的结构和工作过程。

4）认识汽车手动变速器的工作原理、同步原理、安全锁定原理。

5）认识分动器的工作原理。

学习资源

有关工作原理及结构的资料，可以查询下面材料的文字或电子资料。

1）各种汽车维护手册。

2）各种介绍离合器和手动变速器结构和原理的图册、书籍。

3）有关职场健康与安全的法律、法规。

4）有关危险化学物质和危险商品的相关信息。

5）汽车维修设备使用说明书和安全操作规定。

学习场所和设备

1）各种离合器和手动变速器原理试验台架。

2）各类离合器和手动变速器。

3）安装各种类型离合器和手动变速器的车辆。

4）个人防护用品、用具。

5）安全的工作环境和场所。

单元学习任务

任务1　认识汽车传动系统

任务2　认识离合器的动力传递过程
任务3　认识离合器结构
任务4　认识变速器
任务5　认识手动变速器的动力传递过程
任务6　认识同步器
任务7　认识手动变速器操纵机构
任务8　认识分动器

单元学习鉴定

1）单元鉴定计划
2）鉴定工具1：口述或书面鉴定问题清单
3）鉴定工具2：操作鉴定练习和观察清单
4）单元学习鉴定表

任务1　认识汽车传动系统

学习目标

了解传动系统的功能、类型和组成。

学习信息

想一想

传动系统是什么？有什么作用？

汽车由发动机、底盘、电气系统、车身内饰和附件系统构成。其中底盘分为四大系统：传动系统、行驶系统、转向系统和制动系统。传动系统是位于发动机和驱动车轮之间的动力传动装置。

1. 传动系统的功能

传动系统具有变矩、变速、改变运动方向，实现倒车、中断动力输出、实现轮间差速和轴间差速等功能。

2. 典型传动系统的组成

图1-1所示为典型传动系统的组成示意图。典型传动系统由离合器、变速器、传动轴、主减速器、差速器、驱动桥构成。

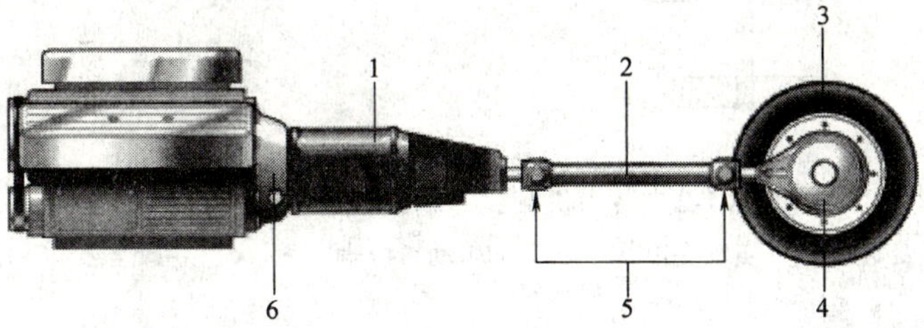

图1-1　典型传动系统的组成示意图

1—变速器　2—驱动轴　3—后轮　4—差速器　5—万向节　6—离合器

传动系统中各主要部件的功能见表1-1。

3. 传动系统的分类

（1）按照传动介质的不同分类

表 1-1　传动系统中各主要部件的功能

名　称	作　用
离合器	适时地切断发动机和变速器之间的动力传递
变速器	根据不同路况的需求，改变输出转矩和转速
万向传动装置	传递动力，并适应变速器和与之相联结部件的距离和轴线夹角的变化
驱动桥	由主减速器、差速器、半轴组成 可实现降速增矩，改变动力传递方向 可实现适时差速 可将发动机的动力传递给驱动车轮

1）机械式传动系统。按照传动方式的不同可分为齿轮传动、带式传动和链式传动。齿轮传动结构简单，传动效率高，因此得到广泛应用。带式和链式传动效率低，比较少采用。

2）液力式传动系统。液力式传动系统可分为动液式传动系统和静液式传动系统。动液式传动系统综合运用了液力传动和机械传动，利用液体介质在主动元件和从动元件之间循环流动过程中动能的变化来传递动力。

以液力机械变速器取代机械式传动系统中的摩擦式离合器和手动变速器，具有操作简单等优点，目前在中高级轿车上得到广泛应用。液力机械式传动系统结构示意图 1-2 所示。

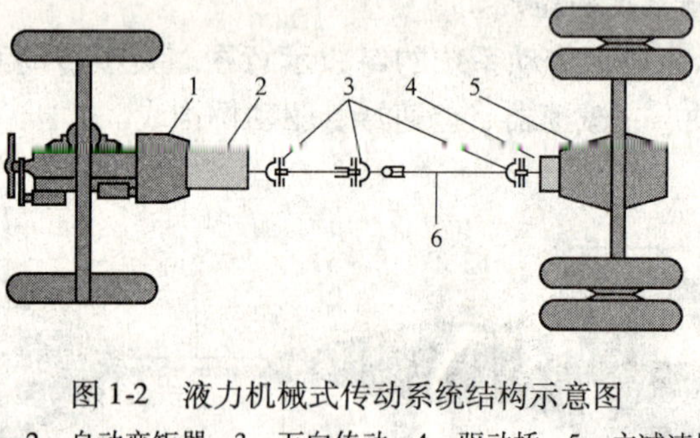

图 1-2　液力机械式传动系统结构示意图

1—液力变矩器　2—自动变矩器　3—万向传动　4—驱动桥　5—主减速器　6—传动轴

静液式传动系统（也称为容积式液压传动）。它通过发动机驱动高压油泵，使受压液体通过控制阀、管路进入液压马达，从而驱动车轮。这种类型的传动系统在军用车上有所应用。静液式传动系统结构示意图如图 1-3 所示。

3）电力式传动系统。通过发动机带动发电机，由驱动桥或驱动轮上的电动机进行牵引驱动。电力式传动系统有良好的动力性，但质量大、效率低，主要用于大型客车上。电动式传动系统结构示意图如图 1-4 所示。

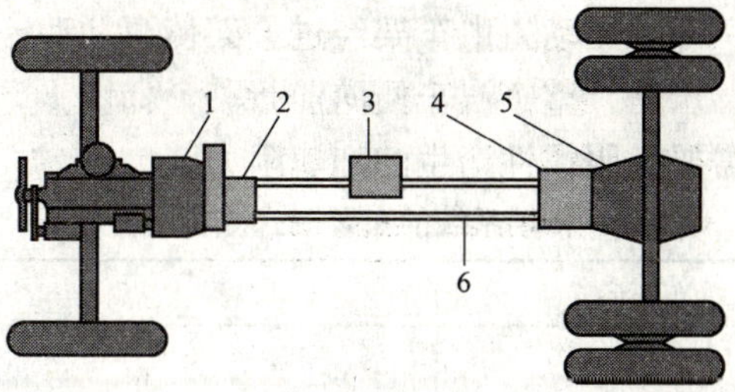

图 1-3 静液式传动系统结构示意图

1—离合器 2—油泵 3—控制阀 4—液压马达 5—驱动桥 6—油管

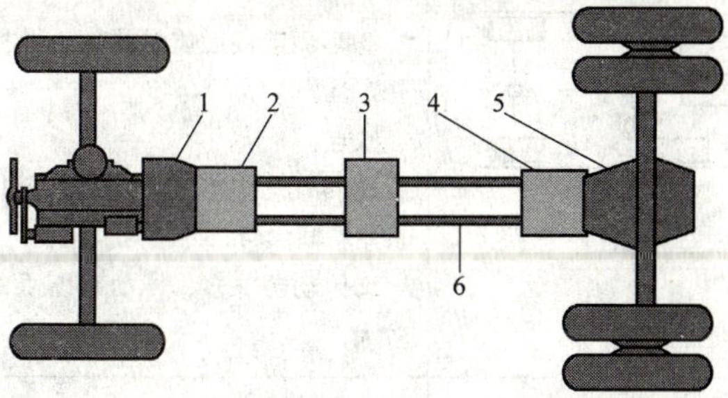

图 1-4 电动式传动系统结构示意图

1—离合器 2—发电机 3—控制器 4—电动机 5—驱动桥 6—导线

你知道吗

汽车的布置还有一种形式：反置式发动机。由于这种形式的布置可以采用较长的进气管，加大了进气岐管的冷却效果，还可以将催化转换器安装在靠近排气头段的位置，提高净化能力。但是其进气速度慢，在发动机低转速范围内动力较差。

（2）按照传动系统布置形式的不同分类 传动系统的布置形式与发动机的类型、汽车的用途和汽车重心的位置有关。通常，传动系统的布置有以下几种形式：发动机前置前轮驱动（简称 FF）、发动机前置后轮驱动、发动机后置后轮驱动（简称 RR）、四轮驱动。前置式发动机又分为前横置式发动机和前纵置式发动机两种类型。传动系统的布置形式、特点及应用见表 1-2。

4. 行驶条件

汽车行驶时，发动机的输出转矩通过传动系统传给驱动车轮，使车轮得到一个驱动力矩 M_t（F_t 为牵引力），汽车轮胎与地面接触，在力矩作用下，接触面上轮胎边缘对地面产生一个圆周力 F_0；发动机经由传动系统在驱动车轮上施加了一个驱动力矩 T_t 时，通过路面和车轮的附着作用，产生路面作用于驱动轮边缘上向前的反力——驱动力 F_t。驱动力 F_t 的一部分用以克服驱动轮本身的滚动阻力，其余大部分则依次通过驱动桥壳、悬架、车架等行驶系统传到车身上，用来克服作用于汽车上的空气阻力和坡道阻力；还有一部分驱动力由车架经过悬架传至从动桥，使前轮克服滚动阻力向前滚动，于是，整个汽车便向前行驶，如图 1-5 所示。此外，在车辆加速时，还需要克服惯性产生的加速阻力。

表 1-2　传动系统的布置形式、特点及应用

	布置形式	特　点	应用
发动机前置 后轮驱动 （简称 FR）	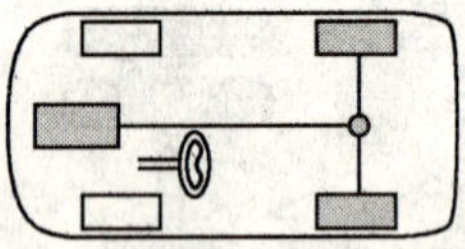	优点： ①布局传统 ②驱动轮附着力大，驱动力较高 ③车辆前、后质量均衡，操控稳定性好 缺点： ①传动轴从前部贯穿到后部，占用空间大 ②传动部件多，传动系统质量较大	国产东风、国产解放
发动机前置 （发动机横置） 前轮驱动 （简称 FF）	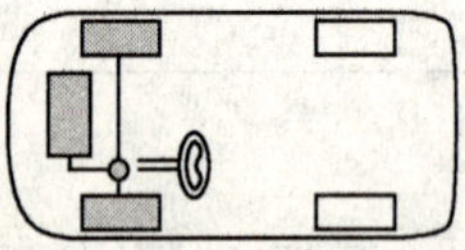	优点： ①多为现代小型轿车采用 ②降低车厢地板高度，可以实现轻微的转向不足特性 ③抗侧滑能力较强 ④发动机舱内可以布置得更加简单、紧凑 缺点： ①上坡时，重心后移，前轮附着力减小 ②下坡时，重心前移，前桥的负载加重 ③前桥兼作驱动桥，结构复杂	本田雅阁
发动机前置 （发动机纵置） 前轮驱动 （简称 FF）	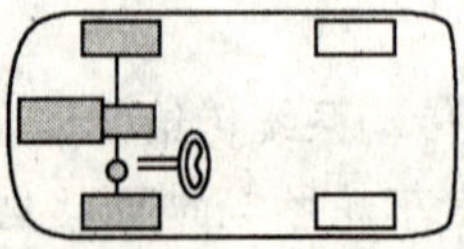	优点： ①多为现代小型轿车采用 ②质量布置比前横置式发动机更为合理 ③可以节约更多发动机舱横向空间 ④便于与四轮驱动传动系统配合 缺点： ①发动机舱占用空间较大 ②上坡时，重心后移，前轮附着力减小 ③下坡时，重心前移，前桥负载加重 ④前桥兼作驱动桥，结构复杂	桑塔纳、帕萨特

（续）

布置形式		特　点	应用
发动机后置后轮驱动（简称RR）	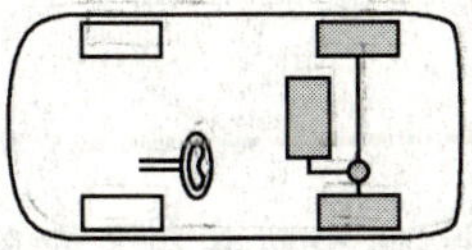	优点： ①多用于客车，也用于微型车 ②没有传动轴，结构紧凑 ③有利于降低噪声 ④前轮没有驱动装置，结构简单 缺点： ①后轴荷较大 ②易产生转向过度的倾向	客车 Smart Fortwo、保时捷911
四轮驱动（简称4WD）	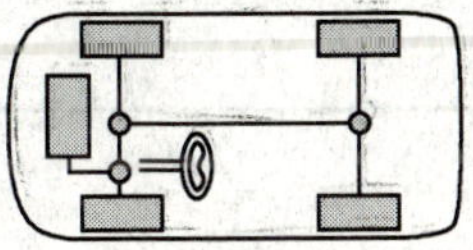	优点： ①可提高操控性 ②多车轮提供动力，地面附着力大 ③通过性和动力性好 缺点： ①需增加分动器和防滑差速器等机构 ②系统复杂，造价更高	越野车

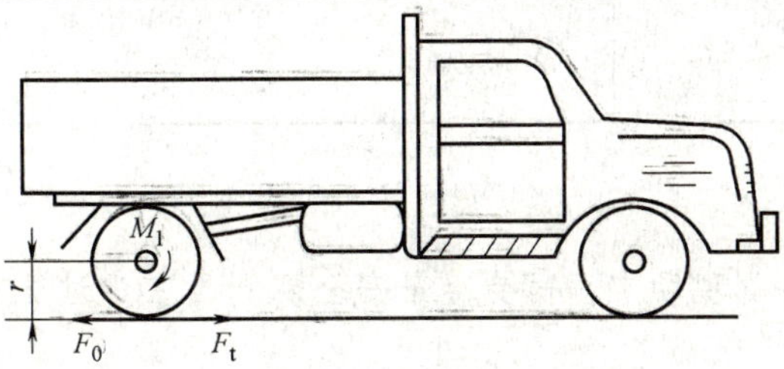

图1-5　车辆行驶原理示意图

车辆在路面上行驶必须要满足下列行驶条件：

$$F_t \geqslant F_f \tag{1-1}$$

式中　F_t——驱动力（N·m）；

F_f——行驶阻力（N·m），由滚动阻力、空气阻力、上坡阻力和加速阻力构成。

注意：

汽车牵引力的大小，不仅取决于发动机输出转矩和传动装置的结构，同时还取决于轮胎与路面的附着性能。车辆在冰雪路面上打滑是因为路面附着力小，不能供足够的摩擦力驱动车辆。

完成学习工作页

查询资料，完成工作任务，填写自测单并交由指导教师签字确认。

完成下列任务

1. 安全环保要求

1）进入生产实训现场时，着装整齐，佩带防护用具正确。

2）生产实训现场中，需要遵守安全规则，注意过往车辆和人群，避免意外伤害。

2. 任务准备

1）在开始工作前，寻找足够的信息资源、查询资料。

2）对任务进行先期预估，组织分工，拟定工作计划，确定实训方案。

小组成员	
所需工具和资料	
任务内容及计划	

3. 完成任务

1）生产实训现场中，需要遵守安全规则，注意过往车辆和人群，避免意外伤害。

2）对工作过程中的现象、数据进行记录。

车　型	传动系统	位　置

问答下列问题

1. 查询相关学习资料或车辆，根据车辆的布置形式进行判断，并完成下表。

布置形式	车　型	特　点
前置前驱、横置式		
前置前驱、纵置式		
后置后驱		
全驱		

2. 汽车传动系统的作用是什么？

3. 汽车传动系统的布置形式有几种？各有什么特点？

4. 汽车型号后的标记4×2、4×4分别表示什么意义？

5. 车辆在雪地上出现打滑，最可能的原因是什么？

任务1　自测表

在教师的帮助下找出所有的错误并改正，最后由教师确认	
任务要求	回　答
认识传动系统的组成	是☐　否☐
熟悉传动系统的功能及其特点	是☐　否☐
描述传动系统的驱动行驶条件	是☐　否☐
关键能力	回　答
是否能正确查找资料、收集信息	是☐　否☐
是否有计划、组织和团队交流合作	是☐　否☐

学习评价：　　合格☐　不合格☐

学生签字　　　　教师签字

日　期　　　　　日　期

任务2　认识离合器的动力传递过程

学习目标

认识典型离合器的动力传递。

学习信息

想一想

离合器的分离和结合是指什么？

离合器的作用是根据驾驶员的需求，选择连接和断开发动机和变速器的动力。根据传递力的介质不同，离合器可以分为机械式、摩擦式、液力式、电磁式，见表1-3。

表1-3　离合器的类型、工作原理及用途

类　　型	工作原理	用　　途
机械式离合器	机械联接传递动力	机械设备
摩擦式离合器	动力元件结合产生摩擦，传递动力	汽车离合器、双离合器、摩托车离合器
液力式离合器	液力流动产生的动能	汽车液力变矩器
电磁式离合器	通过线圈通、断电产生的磁力变化来控制离合器的接合与分离	汽车空调压缩机

摩擦式离合器工作原理示意图如图1-6所示。

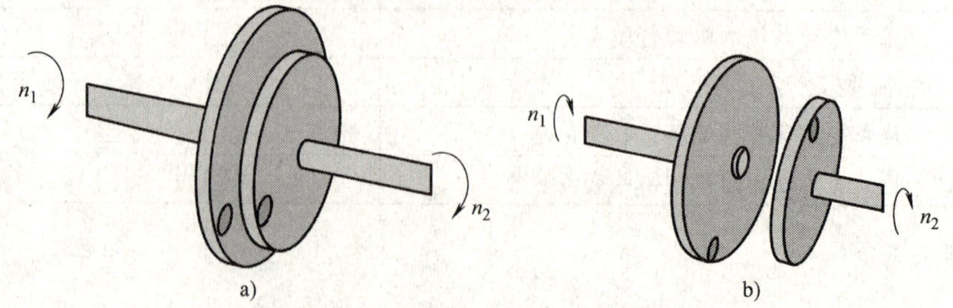

图1-6　摩擦式离合器工作原理示意图

a）结合时（$n_1=n_2$）　b）分离时（$n_1>0$，$n_2=0$）

1. 汽车离合器

（1）汽车离合器的功用　汽车离合器有以下几个功用：

1）使发动机动力与传动系统脱开，便于汽车平稳起步。

2）保证传动系统换挡时工作平顺。

3）汽车紧急制动时，限制传动系统所承受的最大转矩，防止传动系统过载。

（2）汽车离合器的要求　根据离合器的功能，它应该满足以下要求：

1）能保证可靠地传递发动机最大转矩，又能防止传动系统过载。

2）结合时平顺柔和，保证汽车能平稳起步，减少冲击。

3）分离时迅速彻底，保证换挡平顺和发动机起动顺利。

4）旋转质量的平衡性好，从动部分的转动惯量尽可能地小。

5）具有良好的通风散热能力，以防止离合器温度过高。

6）操纵轻便，以减轻驾驶员的疲劳。

2. 摩擦式离合器的组成

离合器分为主动部分、从动部分、压紧机构和操纵分离机构四部分，由飞轮后平面、压盘、从动盘（或称为摩擦盘）、飞轮、离合器分离轴承、分离叉、分离拉杆和离合器壳体组成。其中，主、从动部分和压紧机构是保证离合器处于接合状态并传递动力的基本结构，分离机构和操纵机构是实现使离合器分离和接合的装置。典型摩擦式离合器的组成如图 1-7 所示。

1）主动部分包括飞轮后平面、压盘总成，是动力输入装置。

2）从动部分包括从动盘、变速器第一轴，是动力输出装置。

3）压紧机构主要是压紧弹簧，使离合器压盘能及时与从动盘接合。

4）操纵分离机构是指使离合器分离的装置，包括分离杠杆、拉杆调解叉、分离叉、分离轴承等，是从离合器踏板到分离杠杆之间的零部件。

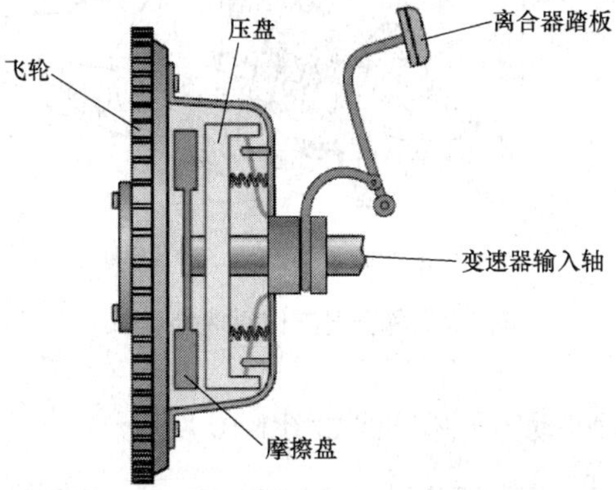

图 1-7　典型摩擦式离合器的组成

3. 摩擦式离合器的安装

摩擦式离合器的安装如图 1-8 所示。飞轮 1 用螺钉固定在发动机曲轴后端面上，随着发动机曲轴一起旋转。离合器盖 5（压盘组件）由螺钉固定在飞轮上，并把离合器从动盘 4 紧紧地压在飞轮 1 后表面上。

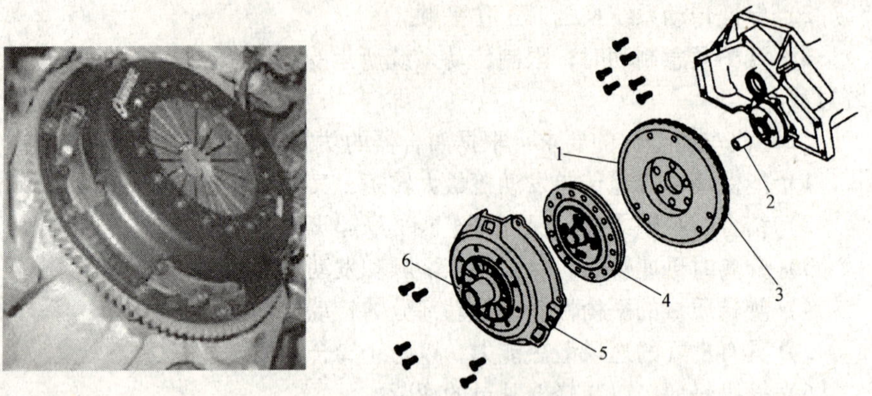

图 1-8　摩擦式离合器的安装

1—飞轮　2—第一轴前滚柱轴承　3—齿圈　4—离合器从动盘
5—离合器盖　6—分离轴承和套筒

4. 离合器的工作原理

离合器工作原理示意图如图 1-9 所示。离合器的主动元件是离合器的动力输入部分。压盘压在飞轮上，中间的从动元件或摩擦盘是输出部分，动力经过从动元件或摩擦盘传递到变速器的输入轴。当压盘向右移动时，发动机和从动元件脱开而自由运行（无负载）；当压盘向左运动（方向如图中箭头所示）时，从动元件或摩擦盘 5 被压紧在飞轮和压盘之间，且被强制达到输入的转速来进行驱动。

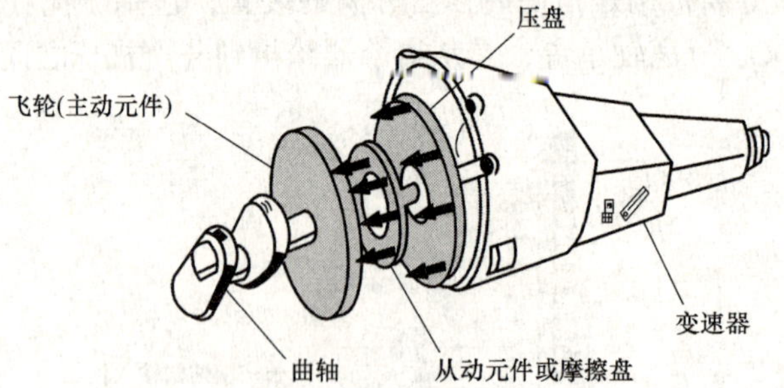

图 1-9　离合器工作原理示意图

离合器接合时的动力传递路线如图 1-10 所示。

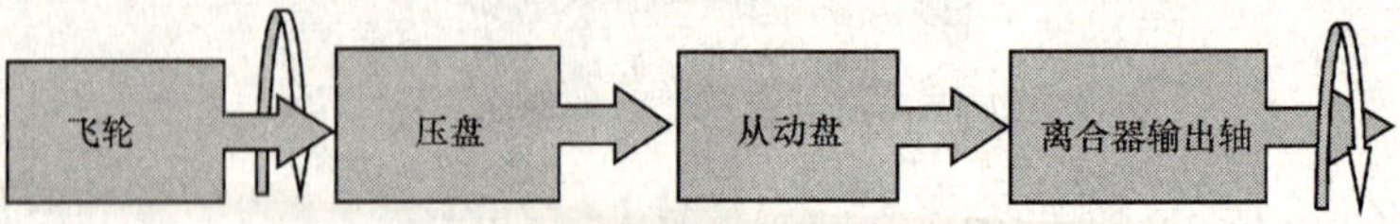

图 1-10　离合器接合时的动力传递路线

离合器分离时，在分离轴承的轴向作用力下克服压紧弹簧的弹力，使压盘和从动盘之间没有压力，不能传递动力，从动盘和离合器轴没有动力输出。离合器分离时的动力传递路线如图 1-11 所示。

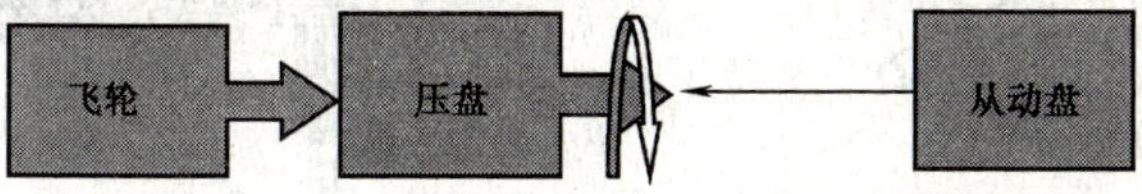

图 1-11 离合器分离时的动力传递路线

完成学习工作页

查询资料，完成工作任务后，填写工作页和自测单。

完成下列任务

1. 安全环保要求

1）进入生产实训现场时，着装整齐，佩带防护用具正确。

2）生产实训现场中，需要遵守安全规则，注意过往车辆和人群，避免意外伤害。

2. 任务准备

1）在开始工作前，寻找足够的信息资源、查询资料。

2）对任务进行先期预估，组织分工，拟定工作计划，确定实训方案。

小组成员	
所需工具和资料	
任务内容及计划	

提示：分解离合器的操作要点

1）离合器的分解顺序为：先拆卸压盘总成，再拆卸从动盘和飞轮；装复时，顺序相反。

2）分解拆卸时，注意压盘和飞轮的方向，装复时要正确安装（见图 1-12）。如果原来没有装配记号，需要自己补做记号。

3）按照正确顺序拆装螺钉：拆卸离合器盖和压盘组件时，将每一个螺栓拧松一圈，直到弹簧所受压力完全消失，以避免外壳变形；拆卸最后一个螺栓时，用手扶着离合器，慢慢旋出螺栓，取下离合器盖和从动盘。注意要按照对角拆装原则拆装螺钉。

4）安装摩擦盘时，使用专用对中工具（见图 1-13）。

5）安装摩擦盘时，注意前后方向（见图 1-13）。

图1-12　装配离合器

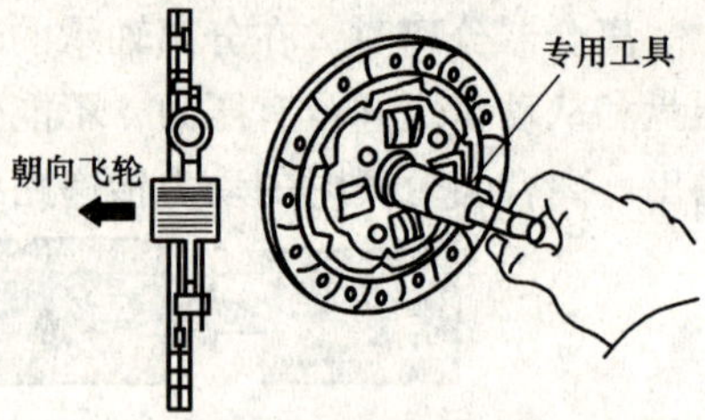

图1-13　安装摩擦盘

3. 完成任务

1）操作记录。

使用工具：

螺钉数量：　　　　　　　　　　　规格：

是否定置摆放工具和零部件：　　　　　是□　　否□

2）写出图1-14所示离合器主要零部件的名称，并完成连线。

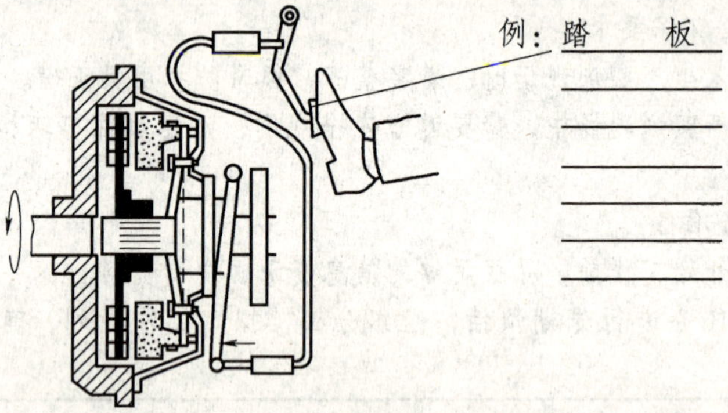

图　1-14

3）检查是否清扫工作台，归置设施和工具：　　　是□　　否□

问答下列问题

1. 汽车传动系统中为什么要安装离合器？

2. 请叙述离合器的基本组成和简单工作原理。

3. 离合器的动力传递路线是怎样的？

4. 选用汽车离合器时，应考虑满足离合器工作的哪些特殊要求？

任务2 自测表

在教师的帮助下找出所有的错误并改正，最后由教师确认

任务要求	回答
描述离合器的组成	是□ 否□
描述离合器接合时的工作原理	是□ 否□
描述离合器分离时的工作原理	是□ 否□
正确完成离合器的拆装	是□ 否□
正确使用工具	是□ 否□
遵守5S管理原则	是□ 否□
关键能力	回答
是否能正确查找资料、收集信息	是□ 否□
是否有计划、组织和团队交流合作	是□ 否□

学习评价： 合格□ 不合格□

学生签字 教师签字

日　　期 日　　期

任务3　认识离合器结构

学习目标

1）认识压盘总成，比较膜片弹簧离合器和螺旋弹簧离合器。

2）认识从动盘，比较单盘、双盘、多盘离合器。

3）认识分离轴承和导向轴承。

4）认识离合器操纵机构。

学习信息

想一想

离合器有哪些种类？各有什么特点？

1. 压盘总成

压盘总成属于离合器的主动部分。压紧弹簧安装在压盘总成内部。根据压紧弹簧的不同，可以将压盘总成分为膜片弹簧式和螺旋弹簧式。

（1）膜片弹簧式压盘总成　通常把压盘、支撑环、膜片弹簧、离合器盖、传动片等用铆钉组装成压盘总成，也被称为压盘。膜片弹簧式压盘总成如图1-15所示。膜片弹簧式压盘总成各部件的特点见表1-4。

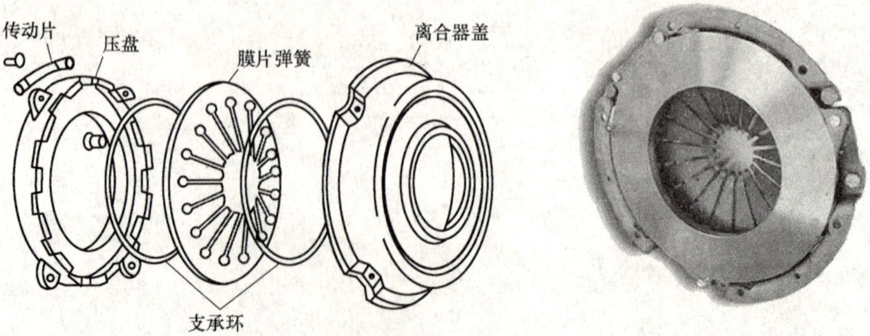

图1-15　膜片弹簧式压盘总成

表 1-4　膜片弹簧式压盘总成

名　称	特　点
离合器盖	1）安装在飞轮上，将动力传递给压盘 2）属于主动部分 3）为了保证精确定位，有定位销进行定位 4）低碳钢冲压而成 5）侧面留有通风口进行散热
压盘	1）高强度铸铁制造 2）与从动部分摩擦的表面经过机械加工制成
膜片弹簧	1）起到了分离杠杆和分离弹簧的双重作用 2）由弹簧钢制成
支撑环	1）对膜片弹簧起支撑作用，将膜片弹簧固定在离合器盖上 2）有对称的双环式、不对称的单环式，也有无环式
传动片	1）连接压盘和离合器盖，将转矩经离合器盖传送至压盘 2）采用弹簧钢片，实现离合器分离时压盘的后退 3）分为径向传动片式和切向传动片式。切向传动片式运用较广，反向承载能力较差，车辆反拖时容易折断

1）膜片弹簧的工作过程。如图 1-16 所示，压盘在杠杆机构的作用下实现结合和分离。当分离轴承和膜片弹簧被推向左边，压盘向右移动，从动盘所受到压盘的压力消失，从而使摩擦盘与压盘分离。当分离杠杆没有受到力时，在膜片弹簧的弹力作用下，将压盘紧紧推向从动盘，消除飞轮、从动盘、压盘之间的间隙，在接触面上产生摩擦力，传递动力。

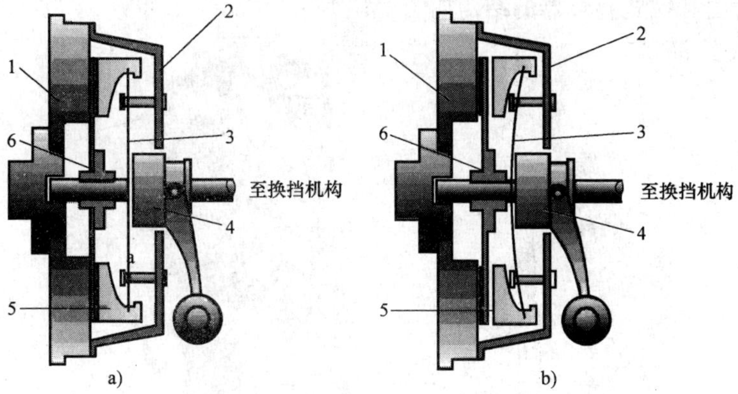

图 1-16　膜片弹簧离合器的工作原理示意图

a）结合时　b）分离时

1—飞轮　2—离合器盖罩　3—膜片弹簧　4—分离轴承　5—压盘　6—摩擦盘

膜片弹簧是用薄弹簧钢板制成的带有锥度的弹簧。膜片弹簧靠中心部分开有多个径向切口，形成弹性杠杆。膜片弹簧两侧有钢丝支承圈，靠膜片弹簧固定铆钉将其安装在离合器盖上。在离合器盖未固定到飞轮 1 上时，膜片弹簧不受力，处于自由状态，此时离合器盖与飞轮安装面有一段距离。当将离合器盖用螺钉固定到飞轮上时，由于离合器盖靠向飞轮，钢丝支承圈压膜片弹簧使之发生弹性变形（锥角变小），如图 1-16a 所示。同时，在膜片弹簧外端对压盘产生压紧力，使离合器处于接合状态。当分离离合器时，分离轴承左移，膜片弹簧被压在钢丝支承圈上，以支承圈为支点转动（膜片弹簧呈反锥形），如图 1-16b 所示，于是膜片弹簧外端右移，并通过分离钩拉动压盘使离合器分离。

2）推式离合器和拉式离合器。根据膜片弹簧离合器分离时膜片弹簧分离指端受力方向的不同，膜片弹簧式离合器可以分为推式离合器和拉式离合器，如图 1-17 所示。

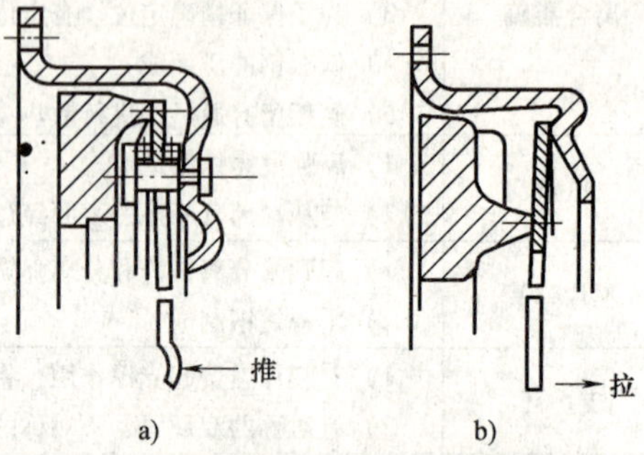

图 1-17　推式离合器和拉式离合器
a）推式离合器　b）拉式离合器

推式离合器和拉式离合器在结构上的区别在于：拉式离合器的膜片弹簧和分离轴承总成封装为一体，同时，膜片弹簧与离合器盖的定位方式不相同。

与推式离合器相比，拉式离合器的系统结构简单，零件数目更少，质量更小；同时，膜片弹簧直径较大，可以提高传递转矩的能力；离合器盖的变形量小，分离效率高；杠杆比大，传动效率高，操纵轻便；在支撑环磨损后不会产生冲击和噪声，使用寿命更长。但是由于膜片弹簧和分离轴承是总成部件，操作时需要的分离行程较大，同时安装和维修较困难。推式离合器和拉式离合器的结构如图 1-18 所示。

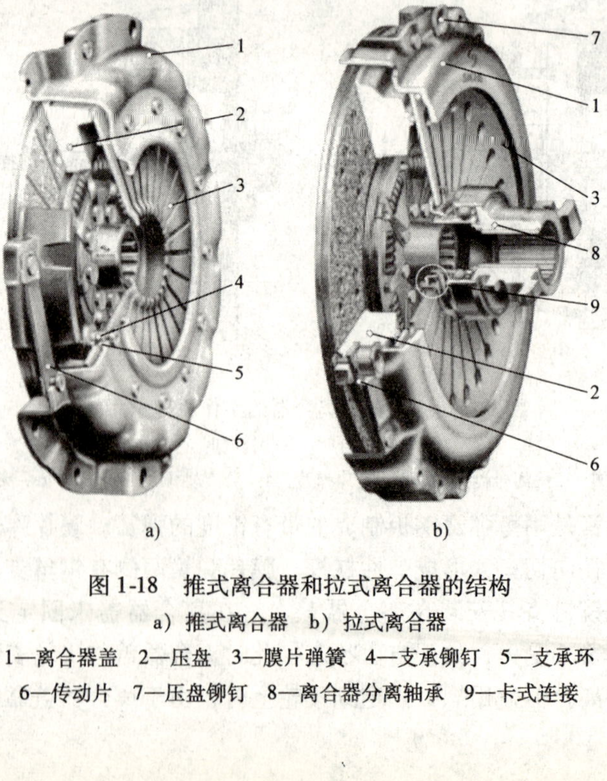

图 1-18　推式离合器和拉式离合器的结构
a）推式离合器　b）拉式离合器
1—离合器盖　2—压盘　3—膜片弹簧　4—支承铆钉　5—支承环
6—传动片　7—压盘铆钉　8—离合器分离轴承　9—卡式连接

（2）螺旋弹簧式离合器压盘总成　根据螺旋弹簧式离合器中螺旋弹簧的安装布置形式的不同，可以将其分为周布式螺旋弹簧离合器和中央式螺旋弹簧离合器。

1）周布式螺旋弹簧离合器。如图 1-19 所示，螺旋式压紧弹簧呈圆周分布在压盘与离合器盖之间，将压盘均匀压向从动盘和飞轮，产生摩擦力传递转矩。

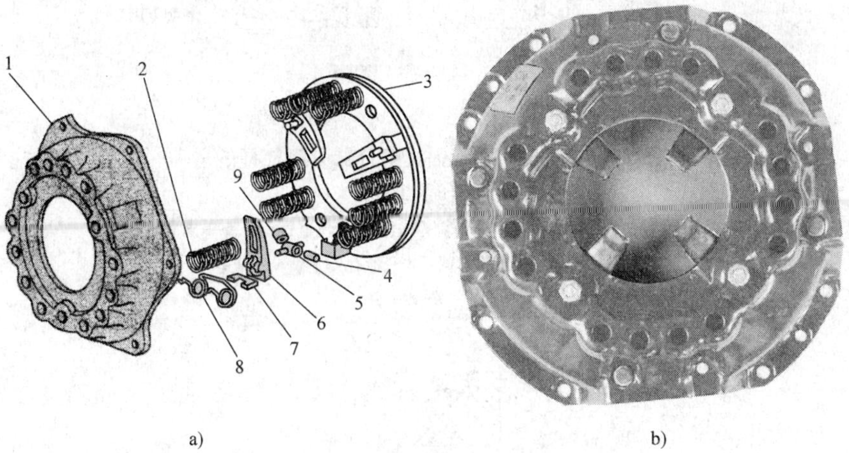

图 1-19　螺旋弹簧式离合器压盘总成
a）结构　b）外形
1—盖　2—压力弹簧　3—压盘　4—销　5—活节螺栓
6—分离杠杆　7—支撑　8—分离杠杆弹簧　9—滚子

螺旋弹簧式离合器总成安装有分离杠杆，通常为 3 ~ 6 个，沿周向均布。分离杠杆由薄钢板冲压而成，通过带孔螺栓用调整锁紧螺母与离合器盖连接在一起。分离杠杆中部以带销螺栓的销为支点，外端通过支承块抵靠在压盘上。分离杠杆内端受到轴向推力时，杠杆将绕支点转动，分离杠杆外端推动压盘后移，对从动盘的正压力撤除，从而离合器分离，如图 1-20b 所示。反之，分离杠杆内端的轴向力消除后，在螺旋弹簧的弹力作用下，离合器结合，如图 1-20a 所示。调整螺母的作用是保证分离杠杆的指端在平行于飞轮的同一平面内能高度一致。

2）中央式螺旋弹簧离合器。中央式螺旋弹簧离合器只采用位于离合器中央的一个或内、外两个轴线重合的压紧弹簧。中央式螺旋弹簧离合器的轴向尺寸比较大，比较难以布置。中央式螺旋弹簧离合器如图 1-21 所示。

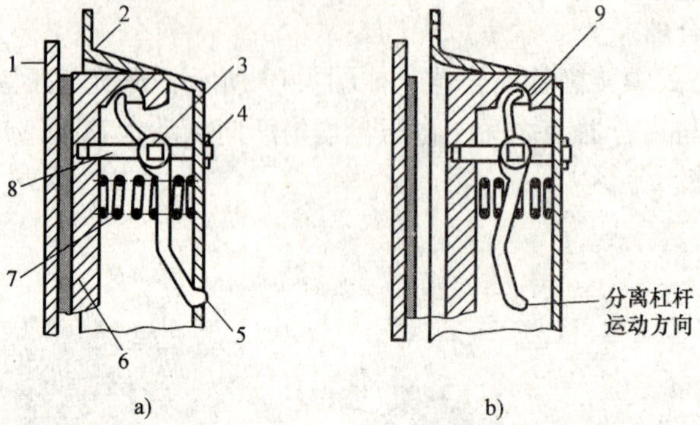

图 1-20　周布式螺旋弹簧离合器分离杠杆的运动

a）接合时　b）分离时

1—飞轮　2—离合器盖　3—浮动销　4—调整螺母　5—分离杠杆
6—压盘　7—压紧弹簧　8—带孔螺栓　9—支承块

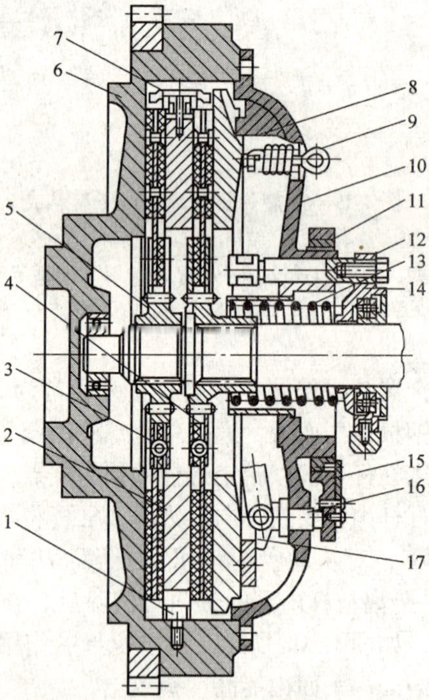

图 1-21　中央式螺旋弹簧离合器

1—传动销　2—中间主动盘　3—扭转减振器　4、5—从动盘　6—飞轮　7—分离摆杆
8—压盘　9—分离弹簧　10—离合器盖　11—调整环　12—传动杆　13—中央压紧弹簧
14—分离套筒　15—平衡盘　16—支承销　17—压紧杠杆

(3) 比较膜片弹簧离合器和螺旋弹簧离合器

1）压紧弹簧的弹力特性比较。螺旋弹簧的弹力特性遵从虎克定律，弹簧的弹力与弹簧的变形量呈线性关系（见图1-22中曲线1）；膜片弹簧由弹簧钢制成，其弹性特性为非线性曲线（见图1-22中曲线2）。

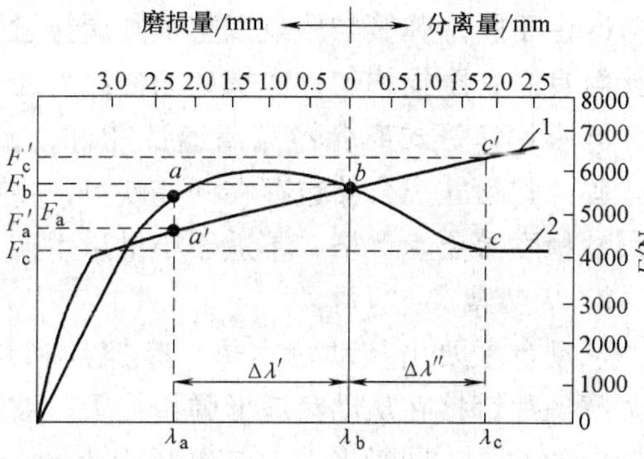

图1-22　离合器压紧弹簧的载荷-变形特性曲线

1—螺旋弹簧的弹性特性　2—膜片弹簧的弹性特性

图中，横坐标是压盘的轴向位移，位置b为新安装离合器且结合时，压盘位移量为0，弹簧弹力值为F_b。踩下离合器踏板，随着分离杠杆内端所受推力逐渐加大，压盘向后退的位移量$\Delta\lambda$也在逐渐增加，直到$\Delta\lambda''$时，最大脱开位置c，弹簧弹力为F_c。同样，在最大脱开位置c'的螺旋弹簧弹力值为F_c'，显然有$F_c' > F_c$成立。这说明在踩踏离合器踏板时，膜片弹簧式离合器需要克服的弹簧弹力更小（通常小20%）。膜片弹簧式离合器本身可替代分离杠杆，因此取消了分离杠杆装置，减少了这部分摩擦损失，使踏板操纵力减小，操纵更轻便。

位置a是离合器摩擦盘在发生磨损后，由于压紧弹簧的作用，会减小压紧弹簧的弹性变形，假设摩擦盘的磨损程度相同，压盘向前移动位移量相同，$\Delta\lambda'$到达磨损极限位置a时，膜片弹簧的弹力减小为F_a，螺旋弹簧的弹力减小为F_a'，显然有$F_a > F_a'$成立。这说明，膜片弹簧的转矩容量比螺旋弹簧要大（通常大15%）。在离合器正常使用出现摩擦盘磨损后，螺旋弹簧的弹力值下降快于膜片弹簧，使用寿命较膜片弹簧短。

总之，在弹性特性上膜片式离合器具有以下特点：

①摩擦片磨损后膜片弹簧的弹力下降小于螺旋弹簧式离合器（约15%），传递转矩的能力更大。

②踩下踏板使离合器分离时，膜片弹簧式离合器所需的踏板力更小（约20%），踏板操纵更轻便。目前，轿车离合器的踏板操纵力通常在100N·m左右，中型汽车的踏板操纵力通常为200～250N·m。

2）压紧弹簧结构的比较。在结构上，膜片弹簧式离合器与螺旋弹簧式离合器相比，有以下特点：

①膜片弹簧的轴向尺寸较小而径向尺寸很大，有利于在保证离合器转矩容量的前提下减小离合器的轴向尺寸。

②膜片弹簧式离合器不需要专门的分离杠杆，使结构简化，零件数目少，质量小。

③由于膜片弹簧轴向尺寸小，所以可以适当增加压盘的厚度，提高热容量；还可以在压盘上增加散热筋及在离合器盖上开设较大的通风孔来改

善散热条件。

④膜片弹簧式离合器的主要部件形状简单，可以采用冲压加工，大批量生产时可以降低生产成本。

⑤由于膜片弹簧与压盘以整个圆周接触，使压力分布均匀，与摩擦片的接触良好，磨损均匀，摩擦片的使用寿命长。

⑥膜片弹簧式离合器有高速性能好，操作运转时冲击、噪声小等优点。膜片弹簧式离合器也存在一些缺点，主要是制造时加工、热处理工艺和尺寸精度等要求严格，不适于小批量生产。

2. 从动盘

从动盘主要由从动盘本体、摩擦片和从动盘毂组成，如图 1-23a 所示。摩擦片铆接在从动盘波形弹簧片上。波形弹簧片可以吸收离合器结合时轴向的冲击，同时将动力传递到从动盘本体。从动盘本体和从动盘毂之间安装有扭转减振器，可以吸收离合器结合或转速发生变化时，传动系统的振动，减小对机件的影响，延长其使用寿命。动力经从动盘本体、扭转减振器后传到从动盘毂，靠从动盘毂的花键与离合器轴相连，为变速器输出动力。

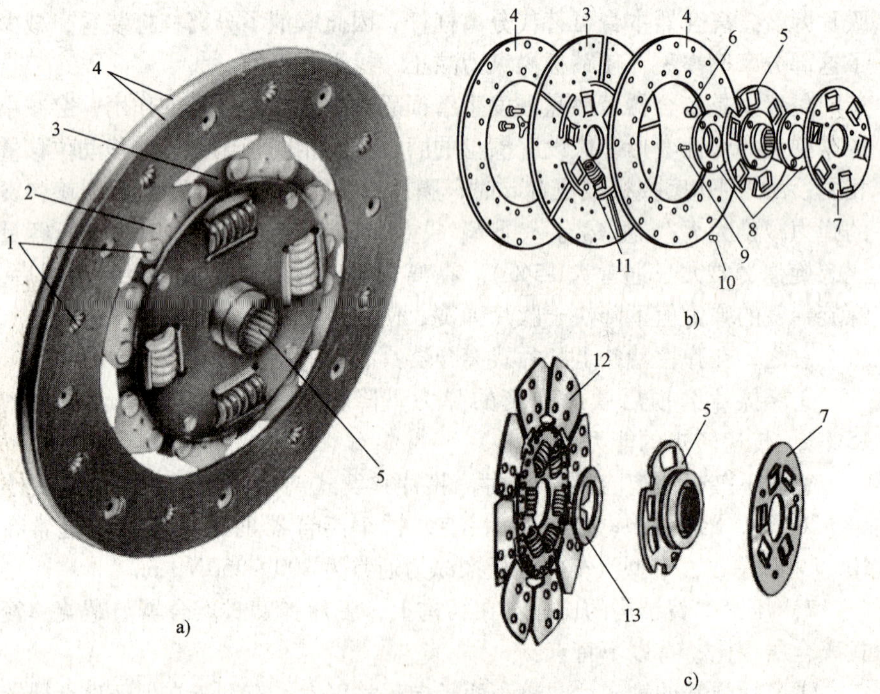

图 1-23　从动盘的弹性本体

a）结构　b）整体式从动盘本体　c）分体式从动盘本体

1—铆钉　2—波形弹簧片　3—从动盘本体　4—摩擦片　5—从动盘毂　6—从动盘铆钉隔套

7—减振器盘　8—阻尼盘　9—阻尼器铆钉　10—摩擦片铆钉

11—减振器弹簧　12—波形弹簧片　13—减振器阻尼片

摩擦片由多种材料制成的。从早期的石棉纤维材料发展为陶瓷基摩擦材料、纸基摩擦材料、环保型高性能摩擦材料等更加环保、高效的摩擦材料。离合器磨损后，摩擦片的厚度会逐渐减薄。

图 1-23b 所示为整体式从动盘本体。其圆周部分沿径向和周向切槽，再将分割形成的扇形部分沿周向翘曲成波浪形，两侧的摩擦片直接铆接到从动盘本体上。也有分体式从动盘本体（见图 1-23c），由弹簧钢片制成的波浪形弹簧片铆接到从动盘本体上，分别与其对应的凸起部分相铆接，这样从动盘受到压力时，翘曲的扇形部分被压平而逐渐增大，从而实现接合柔和，便于汽车平稳起步。

（1）扭转减振器　如图 1-24a 所示，从动盘本体钢片外圆周是波浪形弹簧钢片，从动盘本体钢片与减振器盘铆接在一起，这两者之间夹有减振器阻尼片和减振弹簧，以吸收传动系统所受到的冲击振动。从动盘毂、从动盘钢片和减振器盘上都有 4 ~ 6 个窗口，减振器盘和从动盘本体上分别有卷边对窗口中的弹性元件进行定位。在弹性元件的阻尼作用下，从动盘毂相对于从动盘本体和减振器盘发生转动，扭转振动衰减下来，传动系统受到的转动冲击得到缓和。也有在减振器中采用橡胶弹性元件的，其形状有空心圆柱以及星形等多种。

为了避免在某一转速下出现的传动系统共振，降低传动系统噪声，有些汽车离合器从动盘采用了两组或更多的减振器弹簧，并使窗口长度尺寸不一（见图 1-24b），利用弹簧先后起作用的原理来获得变刚度特性，如图 1-24c 所示。

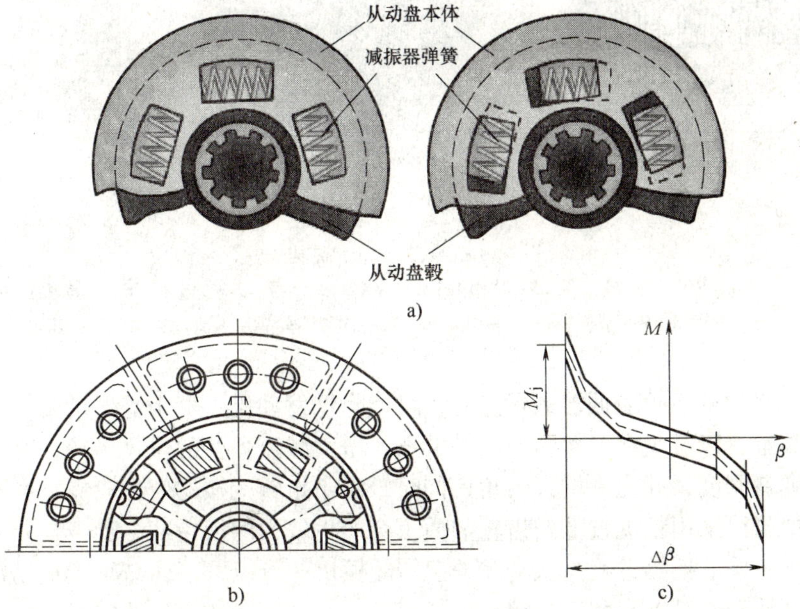

图 1-24　扭转减振器

a）结构　b）弹簧布置　c）变刚度特性

从动盘扭转减振器有以下局限性：

1）难以避免在低速时发生的共振。在四缸发动机转速1 200～2 100r/min、六缸发动机转速800～1 400r/min时，往往出现从动盘扭转减振系统与发动机、变速器振动系统的共振频率(40～70)Hz。因此，难以避免在低速时发生的共振。

2）从动盘扭转减振弹簧受到结构和布置的限制，位置半径较小，扭转角度较小。如果设计时降低弹簧刚度来增加扭转角度，则会难以保证容矩能力，因此在发动机转速1 000～2 000r/min范围内，难以通过降低减振弹簧刚度来增强减振。

目前有双质量飞轮新型扭转减振器可以在扭转刚度、转动惯量和扭转阻尼之间获得良好的匹配，达到优于离合器从动盘扭转减振器的减振效果。双质量飞轮的工作原理如图1-25a所示。飞轮分为两部分质量：一部分飞轮质量用于传递发动机的转动惯量，而另一部分飞轮质量则用于提高变速器的转动惯量。两部分飞轮质量经一套弹簧减振系统连接为一个整体，次级飞轮质量与变速器之间的摩擦片用来完成两部分飞轮质量的离合，这样就可以衰减发动机的旋转振动，减轻变速器的负荷。双质量飞轮的结构如图1-25b所示。

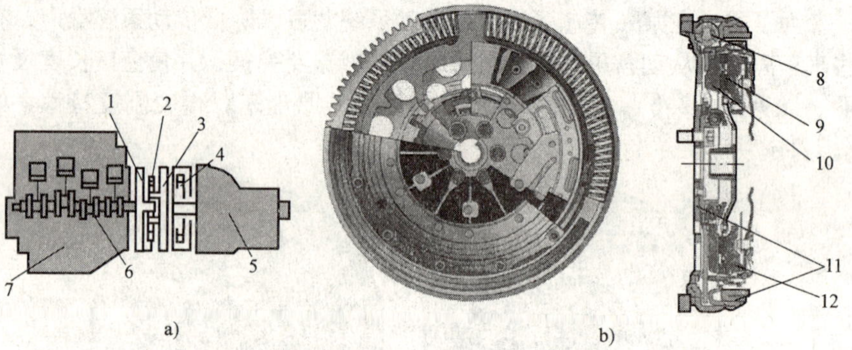

图1-25　双质量飞轮

a）工作原理　b）结构

1—初级质量　2—减振器　3—次级质量　4—刚性离合器　5—变速器　6—发动机曲轴　7—发动机　8—减振弹簧　9—从动盘　10—次级飞轮　11—主动飞轮　12—压盘

双质量飞轮减振器的优点有：可以降低发动机、变矩器振动系统的固有频率，以避免在怠速转速时的共振；增大减振弹簧的位置半径，降低减振弹簧刚度，并允许增大转角。同时，由于扭转减振的效果较好，在变速器中可以采用粘度较低的齿轮油而不会产生较大的齿轮冲击噪声，并可以改善冬季的换挡过程。从动盘的扭转减振机构可以取消，减轻了从动盘的运动转动惯量，有利于换挡。

（2）双盘离合器和多盘离合器　根据摩擦盘的数量来分，离合器可以分为单盘离合器、双盘离合器和多盘离合器。从动盘的数量取决于离合器工作时间和离合器的负载。

1）轿车、轻型车辆多采用单盘离合器。

2）双盘离合器在重型汽车上得到了应用。其结构如图 1-26 所示。结构上有 2 个从动盘和 2 个压盘。由于从动盘尺寸较大，增加了摩擦面积，提高了容矩能力。

3）多盘离合器在自动变速器和摩托车离合器上得到了应用。其结构如图 1-27 所示。有多个从动盘和压盘，适用于从动盘总体尺寸受结构限制，为了保证容矩能力而增加从动盘和压盘的数量，以增大摩擦力。

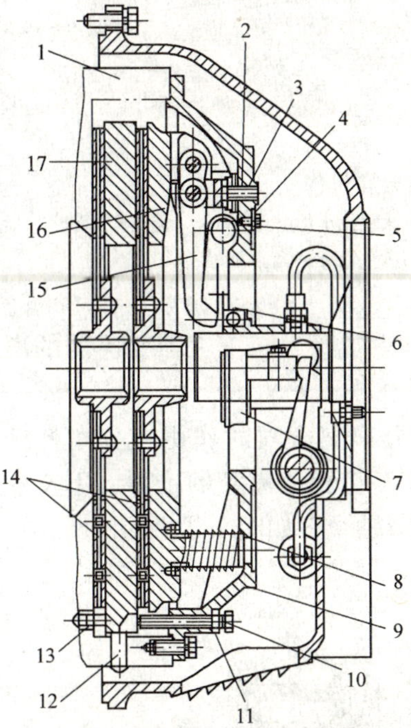

图 1-26　双盘螺旋弹簧离合器

1—飞轮　2—支承销　3—调整螺母　4—压片　5—锁紧螺钉　6—分离轴承　7—分离套筒　8—压紧弹簧　9—离合器盖　10—限位螺钉　11—锁紧螺母　12—定位块　13—分离弹簧　14—从动盘　15—分离杠杆　16—压盘　17—中间压盘

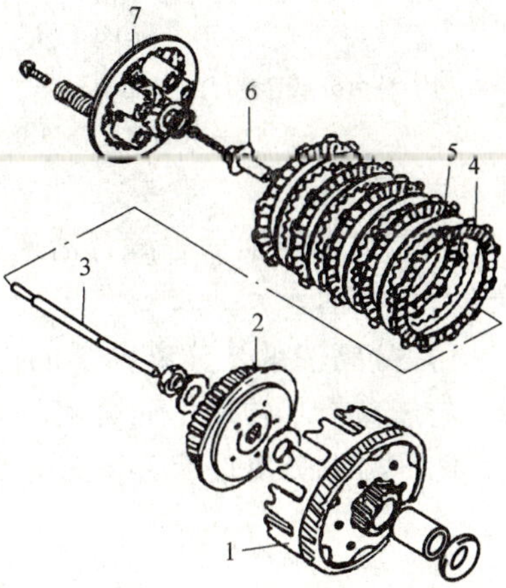

图 1-27　多盘离合器

1—离合器毂　2—离合器花键套　3—离合器推杆　4—从动盘　5—主动摩擦片　6—推进件　7—离合器弹簧盘

3. 离合器分离机构和离合器轴承

（1）分离机构　离合器分离机构主要有分离杠杆、分离轴承、分离套筒和分离叉组成，如图 1-28 所示。

分离叉前端有分离轴承，分离轴承松套在变速器第一轴轴承盖的分离轴承导套的外圆面上。分离轴承回位卡联接分离叉和分离轴承。分离叉可前后摆动，其外侧拨叉伸出离合器壳体与离合器操纵机构相连。分离叉常见的有两种结构，一种是以分离叉中部的球头为支点进行摆动，传递操纵力，如图 1-28a 所示；一种是整体式分离叉轴，如图 1-28b 所示。

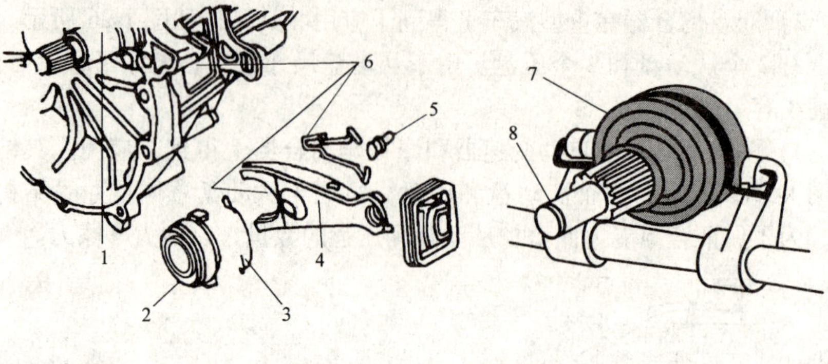

图 1-28　离合器分离机构

1—分离轴承导套　2—分离轴承　3—分离轴承回位卡　4—分离叉　5—球头螺栓　6—分离叉回位弹簧　7—分离轴承　8—离合器轴

（2）离合器轴承　离合器通常有分离轴承，匹配三轴变速器的离合器还有引导轴承。

1）分离轴承。分离轴承的内圈在分离离合器时作用在分离杠杆内端，与压盘一起转动，而分离轴承的外圈受到分离叉的推力，不发生转动，因此要求分离轴承必须选用专用推力轴承，如图 1-29 所示。

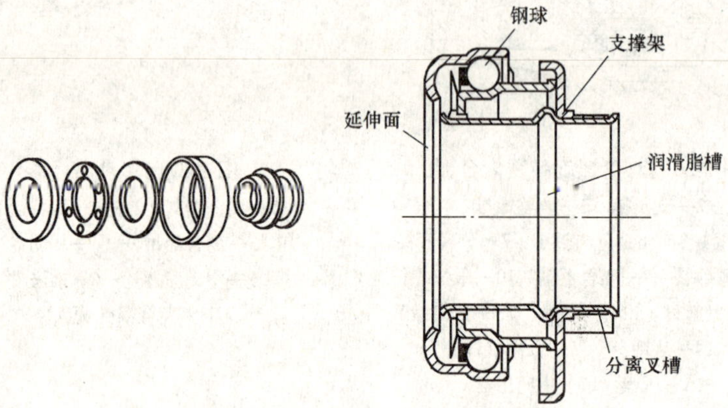

图 1-29　离合器分离轴承

2）引导轴承。三轴变速器的离合器轴也被称为变速器第一轴，轴上安装有摩擦盘，有变速器第一轴轴承和引导轴承支承。变速器第一轴轴承安装在变速器壳体内，离合器引导轴承则安装在发动机曲轴后端座孔中，通常是较小的滚动轴承。离合器轴插入引导轴承的一段轴颈，被称之为销轴。

两轴变速器只有输入轴和输出轴，其输入轴上的轴承都安装在变速器壳体内，因此往往没有引导轴承。

4. 离合器操纵机构

按照分离离合器所需的操纵能源的不同，离合器操纵机构分为人力式和气压助力式。人力式操纵机构以驾驶员提供操纵能源，气压助力式操纵机构以发动机驱动的空气压缩机作为主要操纵能源。人力式操纵机构分为机械式操纵机构和液压式操纵机构。目前，人力式操纵机构的应用最为广泛。

（1）机械式操纵机构　机械式操纵机构可分为杆式和拉索式。

杆式操纵机构的特点是结构简单，工作可靠。但是杆式操纵机构的节点较多，摩擦损失较大，且质量大，机械效率低，会受到车身和车架变形的影响，也不适用于远距离操纵；多用于东风等大、中型货车中，如图 1-30 所示。

图 1-31 所示为拉索式操纵机构。它用一根挠性拉索连接踏板到分离叉，当踩下踏板时，拉索拉动分离叉。拉索式操纵机构可消除杆式操纵机构的缺点，但是其拉伸刚度小，寿命较短，机械效率也不是很高；多用于轻型轿车，如捷达、桑塔纳等车型。

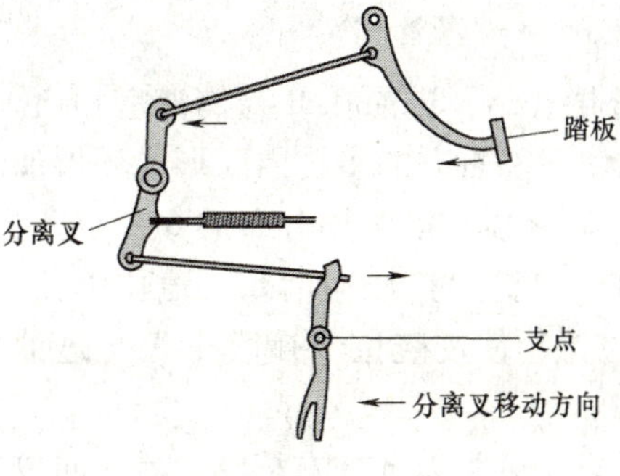

图 1-30　杆式操纵机构

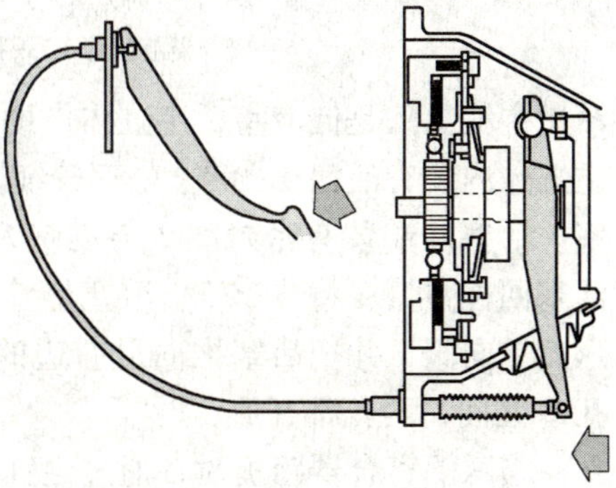
图 1-31　拉索式操纵机构

（2）液压式操纵机构　液压式操纵机构主要由主缸、工作缸和管路等部分组成。当踏板受到作用力时，在主缸中产生液压，压力通过液压管送到工作缸，推动分离叉实现离合器的分离。图 1-32 所示为液压式操纵机构。液压式操纵机构没有外来助力，仍属于人力操纵的类型。

离合器开关是一个信号传感器。它可以将离合器的位置信号传回 ECU，ECU 会根据这一信号及挡位信号、车速信号、节气门信号、发动机转速信号的综合信息来控制喷油量。

液压式操纵机构用制动液作为动力传递介质，储油罐与制动系统共用，但油路相互独立。

与机械式操纵机构相比，液压式操纵机构具有摩擦阻力小、质量小、布置方便、接合柔和的优点，并且不受车身、车架变形的影响，便于采用吊挂踏板，驾驶室容易密封。

1）液压主缸。BJ2020 型汽车离合器液压主缸的结构如图 1-33 所示。

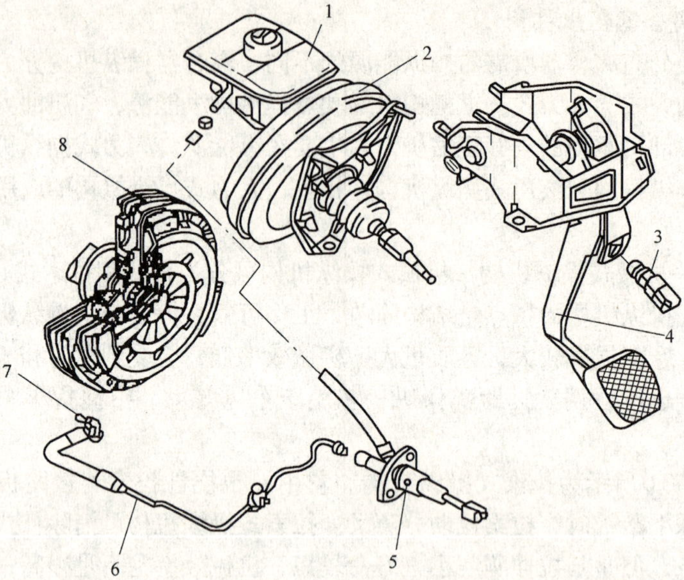

图 1-32　液压式操纵机构

1—储液罐　2—真空助力器　3—开关　4—踏板　5—离合器主缸

6—离合器液压管　7—排气阀　8—双质量飞轮

液压主缸上部是储液室，主缸体借助补偿孔 A、进油孔 B 与储液室相通。主缸体内装有活塞3。活塞中部较细，使活塞右方的主缸内腔形成环形油室。活塞两端装有密封圈 2 与皮碗 5。活塞顶有沿圆周分布的 6 个小孔，活塞回位弹簧 6 将皮碗 5、活塞垫片 4（弹簧片）压向活塞，盖住小孔，形成单向阀，并把活塞推向最右边的位置，使皮碗位于补偿孔 A 与进油孔 B 之间，两孔都开放。

当踩下离合器踏板时，通过主缸推杆 1 使活塞 3 向左移动，活塞回位弹簧 6 被压缩。当皮碗 5 将补偿孔 A 关闭后，管路中液体受压，压力升高。其中，补偿孔 A 的作用是根据因泄漏或温度变化而产生油液容积变化时进行油液的增减。

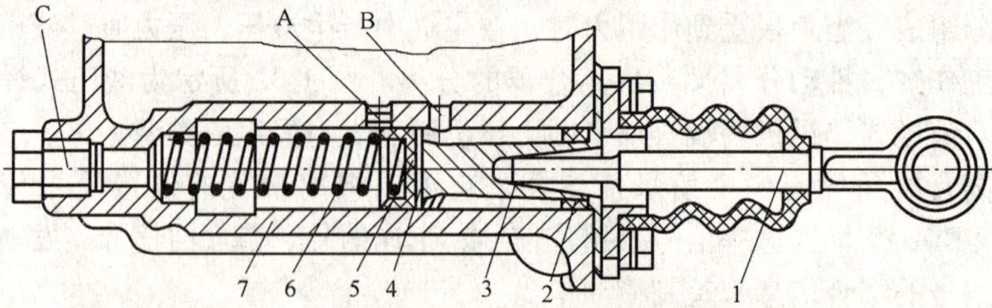

图 1-33　BJ2020 型汽车离合器液压主缸

1—推杆　2—密封圈　3—活塞　4—活塞垫片　5—皮碗

6—活塞回位弹簧　7—主缸体

A—补偿孔　B—进油孔　C—出油孔

2）液压工作缸。工作缸内装有活塞4、皮碗 3 和活塞限位块 2，如图

1-34 所示。为防止活塞自工作缸体内脱出，在缸体右端装有挡环 5。缸体左端装有进油管接头 9 与放气螺钉 8。当管路内有空气存在而影响离合器操纵时，则可拧出放气螺钉进行放气。

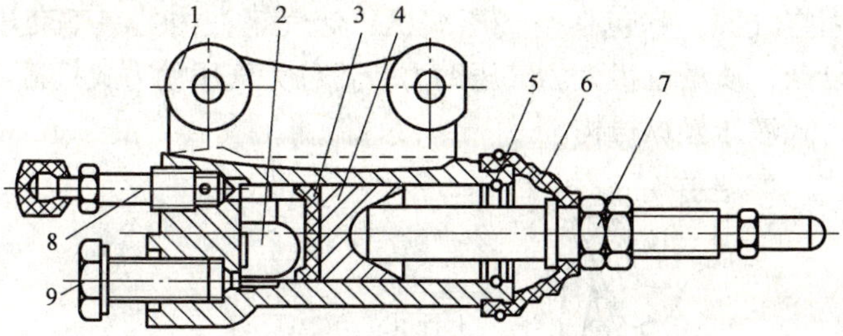

图 1-34　BJ2020 离合器液压工作缸

1—工作缸体　2—活塞限位块　3—皮碗　4—活塞　5—挡环　6—护罩　7—分离叉推杆总成　8—放气螺钉　9—进油管接头

（3）助力式操纵机构

1）弹簧助力装置。弹簧助力装置又称为踏板助力装置。为了减小所需的离合器踏板力，又不会因传动装置的传动比过大而加大踏板行程，在一些中、重型货车和某些轿车上采用了离合器踏板的助力装置（见图 1-35a）。机械式操纵机构和液压式操纵机构中都可以采用弹簧助力装置。

弹簧助力装置的工作原理是：在踏板行程初期（见图 1-35b），离合器压紧弹簧的阻力还不大，而在踏板行程后期（见图 1-35c），压紧弹簧的压缩量和阻力持续增加到最大值，并且离合器分离后，还需要在这一位置保持一段时间，这段时间是导致驾驶员疲劳的主要阶段。踏板助力实际是将踏板行程初期驾驶员的操纵力储存起来，在踏板行程后期释放以提供助力。通常弹簧助力的效率较低，只能降低 25% ~30% 的踏板阻力。

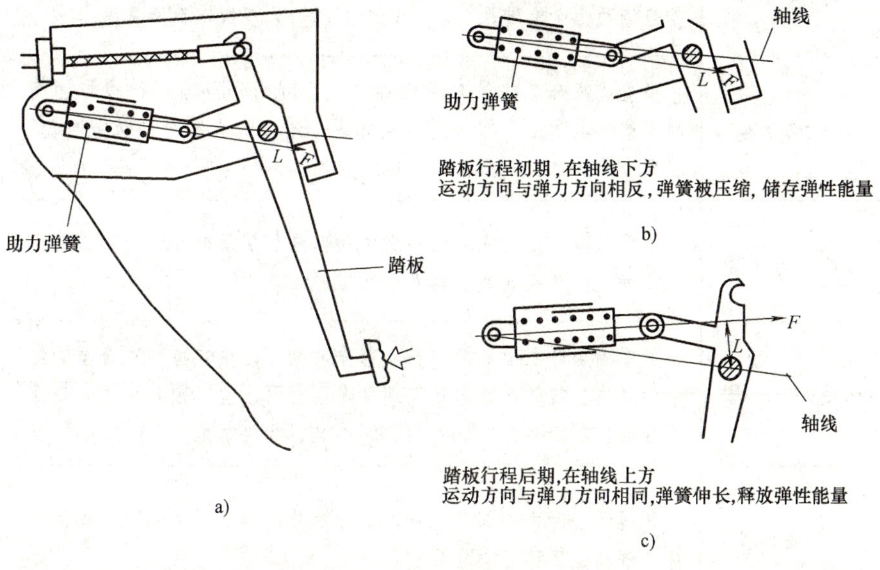

图 1-35　弹簧助力装置工作原理图

2）气压助力式操纵机构。图1-36所示为气压助力式操纵机构示意图。它利用发动机带动空气压缩机作为主要的操纵能源，驾驶员的肌体作为辅助的或后备的操纵能源，多与汽车的气压制动系统或其他气动设备共用一套压缩空气源。它包括空气压缩机、储气罐在内的一整套压缩空气源，结构复杂，质量也很大。气压助力装置分为气压助力式机械操纵机构和气压助力式液压操纵机构。

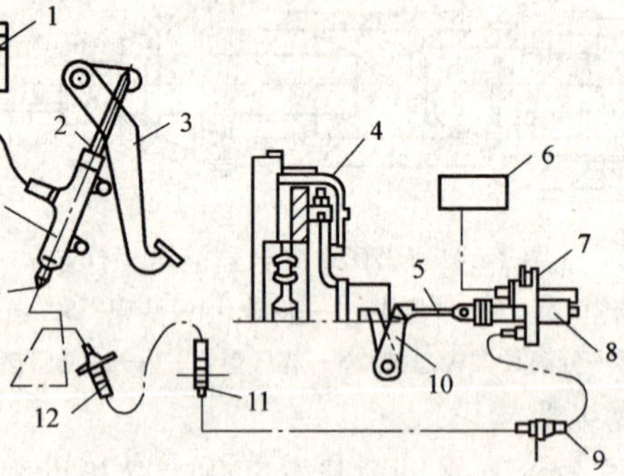

图1-36　气压助力式操纵机构示意图

1—储油桶　2—主缸推杆　3—踏板　4—离合器总成　5—助力器推杆　6—储气筒　7—排气螺钉　8—助力器　9—后软管　10—分离叉　11—后钢管　12—前软管　13—前钢管　14—离合器主缸

你知道吗

还有这些离合器

干式离合器	采用自然冷却的方式，摩擦盘和压盘都暴露在空气中，在离合器盖侧面上开有通风口。干式离合器为大多数车辆所采用
湿式离合器	多盘式离合器往往采用这种方式，利用润滑油进行冷却和润滑，摩擦盘和压盘都封闭在壳体中。湿式离合器在自动变速器、双离合器和摩托车上得到了广泛应用
牙嵌式离合器	采用机械传动的方式，利用主动部分和从动部分之间的齿啮合进行传动。牙嵌式离合器多用在机械设备上
超越式离合器	利用离合时主动部分与从动部分的相对速度来控制离合器的结合和分离，超过设计的运转速度时离合器脱离，因此称之为超越离合器。其分类为：嵌入型、摩擦型、非接触型
单向离合器	利用离合时主动部分与从动部分的旋转方向来控制离合器的结合和分离，又称为单向轴承

（续）

自动离合器	由控制单元（ECU）控制的离合器。自动离合器分为两种：机械电动机式自动离合器和液压式自动离合器。机械电动机式自动离合器的ECU采集节气门踏板、发动机转速传感器、车速传感器的信号，处理后发送指令驱动电动机，带动拉杆等机械形式驱动离合器分离或结合。液压式自动离合器是由ECU发送信号驱动电动液压系统，通过液压操纵离合器的分离或结合。自动离合器使离合器的断开和结合能够自动、适时完成，简化了驾驶员的操纵动作
双离合器	双离合器变速器，简称DSG（英文全称：Direct Shift Gearbox），最初装配在赛车上，能消除换挡离合时的动力传递停滞现象。双离合器变速器没有离合器踏板，采用电子系统和液压系统控制离合器的结合或分离。双离合器变速器使用两个离合器，一个离合器控制奇数挡（1挡、3挡、5挡和倒挡），另一个离合器控制偶数挡（2挡、4挡和6挡），两个离合器独立工作，除了空挡之外，一个离合器处于关闭状态，另一个离合器则处于打开状态，由电脑控制离合器的结合或分离。当汽车正常行驶的时候，一个离合器与变速器中某一挡位相连，将发动机动力传递到驱动轮；ECU根据汽车速度和转速对驾驶者的换挡意图做出判断，预见性地控制另一个离合器与另一个挡位的齿轮组相连，但仅处于准备状态，尚未与发动机动力相连。换挡时第1个离合器断开的同时，ECU使第2个离合器与发动机接合，从而减少动力中断的时间 双离合器通常采用湿式多盘离合器

完成学习工作页

查询资料，在教师指导下完成工作任务，回答问题后，填写自测单。

完成下列任务

1. 安全环保要求

1）进入生产实训现场时，着装整齐，佩带防护用具正确。

2）生产实训现场中，需要遵守安全规则，注意过往车辆和人群，避免意外伤害。

2. 任务准备

1）在开始工作前，寻找足够的信息资源、查询资料。

2）对任务进行先期预估，组织分工，拟定工作计划，确定实训方案。

小组成员	
所需工具和资料	
任务内容及计划	

3. 完成任务

1）生产实训现场中，需要遵守安全规则，注意过往车辆和人群，避免意外伤害。

2）对工作过程中的现象、数据进行记录，并正确分析和处理。

3）参考图1-37，找出离合器操纵机构在车上的布置位置。

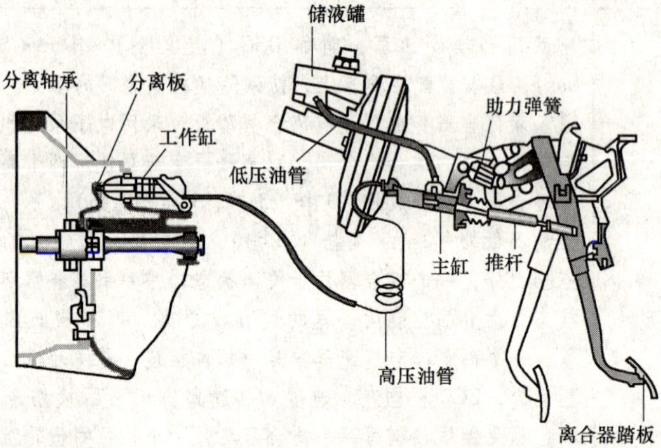

图1-37　桑塔纳离合器操纵系统

例：离合器踏板	在车厢内，靠近驾驶员左脚位置
主缸	
助力弹簧	
高压油管	
低压油管	
储液罐	
工作缸	
分离轴承	

4）指认教师提供的离合器零部件，并说出其零部件的名称和作用。

	零部件名称	零部件作用
1		
2		
3		
4		
5		
6		
7		
8		
9		
10		

问答下列问题

1. 描述推式离合器和拉式离合器的特点。

2. 描述膜片弹簧式离合器和螺旋弹簧式离合器的特点。

3. 从动盘减小振动和冲击的结构有哪些？

4. 扭转减振装置有哪几种？分别有什么特点。

5. 什么是湿式离合器？有什么特点？

任务3　自测表

在教师的帮助下找出所有的错误并改正，最后由教师确认

任务要求	回答	
认识各种类型的离合器	是□	否□
描述推式离合器和拉式离合器的特点	是□	否□
描述膜片弹簧式离合器和螺旋弹簧式离合器的特点	是□	否□
说明从动盘减小振动和冲击的结构	是□	否□
说明双质量飞轮的扭转减振作用原理	是□	否□
认识离合器操纵机构的类型和特点	是□	否□
认识离合器液压操纵机构的在汽车上的布置位置	是□	否□
关键能力	回答	
是否能正确查找资料、收集信息	是□	否□
是否有计划、组织和团队交流合作	是□	否□

学习评价：　　合格□　　不合格□

学生签字　　　　教师签字

日　期　　　　日　期

任务4　认识变速器

学习目标

1）认识变速器换挡原理。
2）认识齿轮传动原理。
3）认识变速器的功用。
4）认识变速器的类型。

学习信息

想一想

换挡匹配是指什么？

1. 变速器换挡原理

车辆的动力来自于发动机，动力经过底盘传动系统传递到车轮，在地面产生驱动力。发动机功率和转矩的输出特性如图1-38所示。随着转速的变化，发动机功率和转矩都会发生变化，当达到最大转矩点后，转矩逐渐平稳下降，但功率仍然增高，这是由发动充气效率所决定的。节气门开度为100%的发动机动力特性曲线称之为外特性曲线，部分节气门开度时的发动机特性曲线称之为部分特性曲线，如图1-38所示。发动机的动力输出有下列关系式成立：

$$P_e = \frac{T_{tq} n}{9550} = \frac{i T_{tq} \eta n}{9550 r} = \frac{i \eta F_t u}{9550} \tag{1-2}$$

式中　P_e——发动机有效输出功率（kW）；
T_{tq}——发动机输出转矩（N·m）；
n——发动机转速（r/min）；
i——传动系统总传动比；
η——传动系统的机械损失；
F_t——车轮驱动力（N）；
u——车速（km/h）。

由式（1-2）可知，驱动力与车速成反比，所以在不同的路面工况下需要选择不同的速度，以满足行驶需要。车轮的驱动力矩远大于发动机的输出转矩，因此在传动系统中增加了变速变矩的机构。在不考虑坡阻和加速阻力的情况下，车辆的驱动力-行驶阻力平衡特性如图 1-39 所示。显然，如果在上坡或加速时行驶阻力 F_f 增加，则驱动力-行驶阻力平衡点向左边移动，为了获得足够的驱动力，这时必须要降低车速，进行换挡。相反，如果想要加速，则需要升高挡、降低驱动力矩。

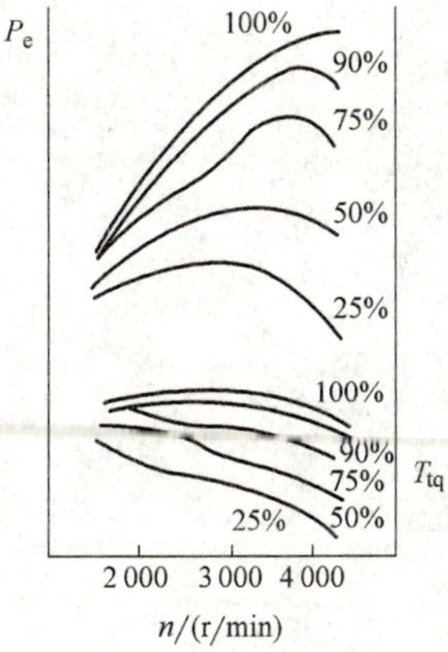

图 1-38　发动机外特性和部分特性曲线图

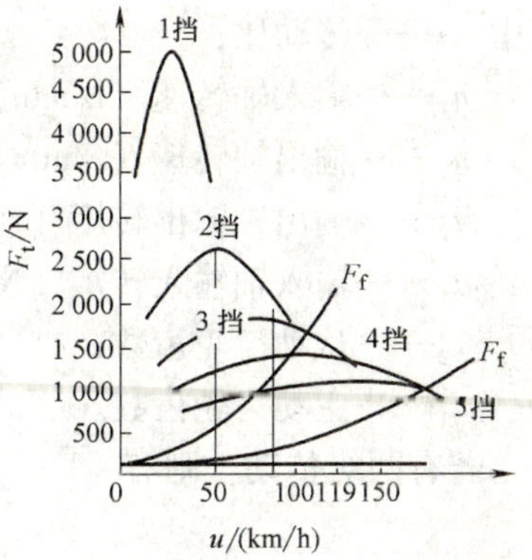

图 1-39　驱动力-行驶阻力平衡特性

注意：

换挡匹配是指换挡时与车速与发动机转速的匹配。理想情况是发动机超过最大转矩点转速后及时进行换挡，否则，会因为驱动力下降但输出功率持续上升而造成拖挡，引起发动机爆燃、油耗增加、损害机件寿命。

2. 变速器的功能

1）变速变矩。通过改变传动比，满足不同行驶条件对牵引力的需要，使发动机尽量工作在有利的工况下，满足可能的行驶速度要求。

2）实现倒车行驶。用来满足汽车倒退行驶的需要。

3）中断动力传递。在发动机起动、怠速运转、汽车换挡或需要驻车进行动力输出时，利用空挡，中断动力。

3. 变速变矩原理

（1）传动比　传动系统的主要部件是齿轮，齿轮将转矩传递到其他旋转部件上，并使转矩发生变化。由于相互啮合的齿轮齿数不同，每一齿轮以不同的转速和转矩旋转。转矩等于力乘以力臂，转矩的大小与作用力至作用点的距离成正比。若支点较接近于运动物体，则移动该物体所需的力矩会较小。但若支点距离物体的距离增大，那么杠杆施力点必须距离物体更远些。同样的原理也可以用于齿轮啮合，小齿轮驱动大齿轮，大齿轮转速慢，但力矩更大，如图 1-40 所示。

传动比是指输入轴的角速度（或转速）与输出轴的角速度（或转速）之比，即

$$i = \frac{n_1}{n_2} = \frac{M_2}{M_1} = \frac{z_2}{z_1} \tag{1-3}$$

式中 i——传动比；

n_1——输入轴转速（r/min）；

n_2——输出轴转速（r/min）；

M_2——输出轴输出转矩（N·m）；

M_1——输入轴输入转矩（N·m）；

z_2——从动齿轮齿数；

z_1——主动齿轮齿数。

若有两级传动，则有

$$i = i_1 i_2 \tag{1-4}$$

式中 i——传动比；

i_1——初级传动比；

i_2——第二级传动比。

（2）反向传动原理　如图 1-41 所示，一对齿轮啮合时，输入轴与输出轴旋向相反；若增加一级传动，则输出轴转动方向与输入轴相同，从而实现反向传动。中间齿轮只传递动力，不参与总传动比的计算，对传动比没有影响，因此也被称之为惰轮。

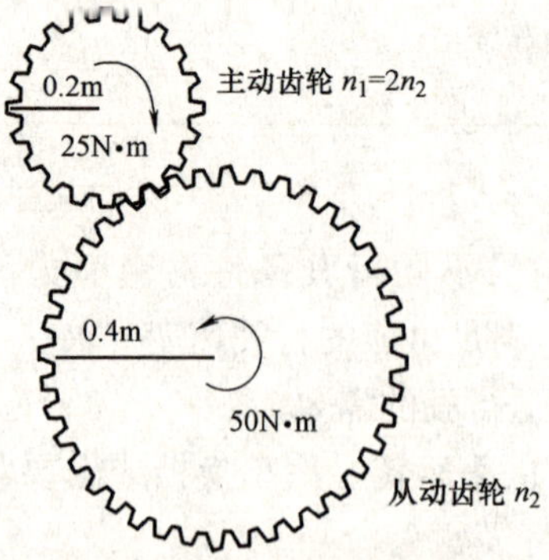

图 1-40　齿轮的变速变矩原理

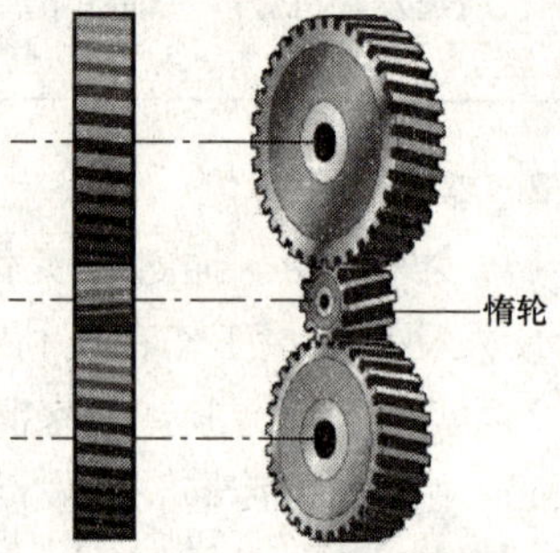

图 1-41　反向传动原理

4. 变速器的分类

变速器由变速传动机构和变速操纵机构两部分组成。变速传动机构的作用是改变转矩和转速的大小和方向；变速操纵机构的作用是控制传动机构，实现变速器传动比的变换，实现挡位切换。

（1）按传动的介质分类　按传动的介质的不同，常见的变速器分为液力传动变速器、机械传动变速器和电力式变速器等。机械传动变速器又可分为齿轮轴线固定的普通平行轴线式齿轮传动变速器和部分齿轮（行星齿轮）轴线旋转的行星齿轮变速器两种。汽车手动变速器多用机械平行轴线式齿轮传动变速器。

（2）按传动比变化方式分类　按传动比的变化方式的不同，变速器可分为有级式、无级式和综合式三种。有级式变速器是有固定传动比可供选择的变速器。无级式变速器是指传动比可在一定范围内连续变化的变速器，常见的有液力式、机械式和电力式等。综合式变速器是由有级式变速器和无级式变速器综合而成，其传动比可以在最大值与最小值之间几个分段的范围内作无级变化。

（3）按操纵方式分类

1）强制操纵式。靠驾驶员直接操纵变速杆换挡。

2）自动操纵式。传动比的选择和换挡自动进行，驾驶员只需操纵加速踏板，变速器就可以根据发动机的负荷信号和车速信号来控制执行元件，实现挡位的变换。

3）半自动操纵式。可分为两类，一类是部分挡位自动换挡，部分挡位手动（强制）换挡；另一类是预先用按钮选定挡位，在踩下离合器踏板或松开加速踏板时，由执行机构自行换挡。

4）按变速器的结构分类　可分为两轴变速器和三轴变速器，如图1-42所示。

a)

b)

某车型参数表（部分）	
最大输入转矩（N·m）	110
最大输入转速（r/min）	6 000
变速形式	5挡手动
变速比	$i_1=3.417$
	$i_2=1.895$
	$i_3=1.28$
	$i_4=0.914$
	$i_5=0.758$
	$i_{倒}=-3.273$
末级传动比	4.38

图1-42　常见变速器及参数表

a）三轴式　b）两轴式

三轴变速器传动原理示意图如图1-43所示，前进挡为双级传动，由输入轴上齿轮将动力传递到中间轴上常啮合齿轮，带动中间轴转动后，将动力由中间轴上各挡齿轮传递到输出轴齿轮，最终输出。

两轴变速器传动原理示意图如图 1-44 所示，其前进挡的动力经过输入轴齿轮传递到输出轴齿轮传出，各挡都是单级传动。

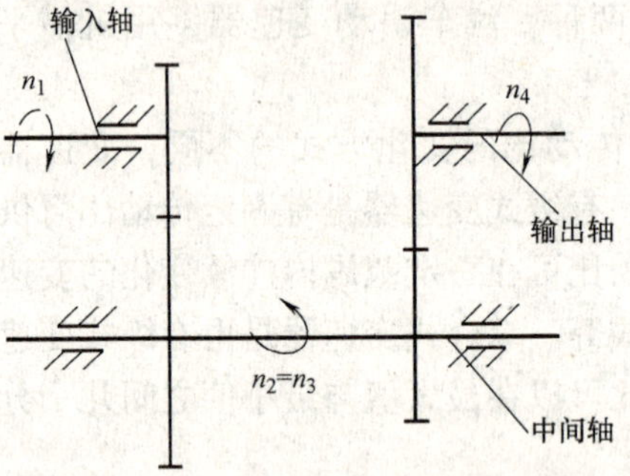

图 1-43　三轴变速器传动原理示意图

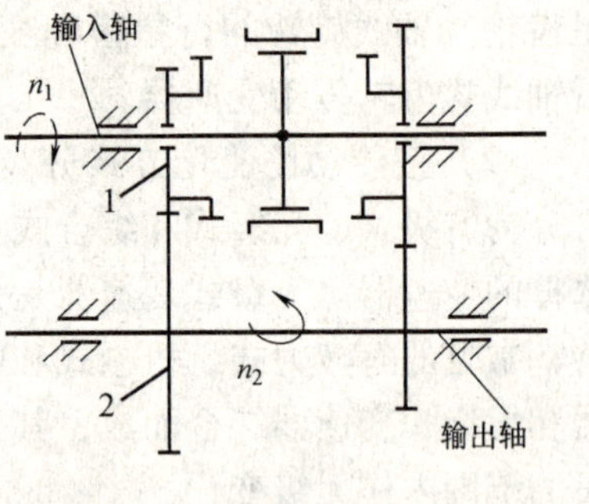

图 1-44　两轴变速器传动原理示意图

完成学习工作页

查询资料，在教师的指导下完成工作任务后，填写工作页和自测单。

完成下列任务

1. 安全环保要求

1）进入生产实训现场前，需熟知管理规范要求，着装整齐、正确。

2）生产实训现场中，需要遵守安全规则，注意过往车辆和人群，避免意外伤害。

2. 任务准备和要求

1）在开始工作前，寻找足够的信息资源、查询资料，并正确使用。

2）任务结束时，检查车辆、设备和清洁场地。

3. 完成任务

1）教师提供在车变速器或台架，学生完成指认，并说明其变速器类型。

①＿＿＿＿＿＿　　类型＿＿＿＿＿＿

②＿＿＿＿＿＿　　类型＿＿＿＿＿＿

③＿＿＿＿＿＿　　类型＿＿＿＿＿＿

2）请查询资料，完成教师指定车型的变速器参数表，并说明其含义。

	参数值	参数含义
例：最大输出转矩	110N·m/(3 000r/min)	节气门全开时，发动机在转速3 000r/min时，达到最大输出转矩点，输出转矩为110N·m
最大输出功率		
变速形式		
变速比 i_1		
变速比 i_2		
变速比 i_3		
变速比 i_4		
变速比 i_5		
变速比 i_6		
末级传动比		

问答下列问题

1. 什么是自动变速器？自动变速器是无级变速吗？

2. 请参照传动原理图1-43和图1-44，叙述三轴变速器和两轴变速器的传动原理。

3. 换挡匹配是指________和________的匹配，如果没有适当匹配会有什么影响？

4. 由教师提供多级传动副，学生计算各级传动比和总传动比。

任务4 自测表

在教师的帮助下找出所有的错误并改正，最后由教师确认	
任务要求	回答
描述变速器传动原理	是□ 否□
描述变速器的种类	是□ 否□

（续）

计算传动比	是□　否□
关键能力	回　答
是否符合安全规范	是□　否□
是否能正确查找资料、收集信息	是□　否□
是否有计划、组织和团队交流合作	是□　否□

学习评价：

学生签字　　　　　　　　　　教师签字

日　期　　　　　　　　　　　日　期

任务5　认识手动变速器的动力传递过程

学习目标

1）认识三轴变速器的工作原理。

2）认识两轴变速器的工作原理。

3）认识变速器的结构。

学习信息

想一想

机械传动的类型有几种？手动变速器采用了哪些机械传动结构？

常见传动类型		用途举例
摩擦传动	带传动	汽车空调压缩机
	摩擦传动	汽车摩擦式离合器、摩擦式同步器
拉索或拉杆传动	拉索传动	汽车离合器操纵机构
啮合传动	齿轮传动	发动机正时齿轮、起动齿轮等
	花键传动	离合器从动盘与离合器轴的传动

1. 三轴变速器的传动原理

三轴变速器的结构示意图如图1-45所示。其中，变速器第一轴上的齿轮多采用齿轮轴或压装配合，可直接传递动力；中间轴上各挡齿轮采用花键联接，可以传递动力；变速器第二轴上各齿轮采用轴承支承在第二轴上，不能直接传递动力；拨叉与第二轴采用花键联接，可以传递动力；当拨叉9前、后移动时，可以实现相应挡位的选择。

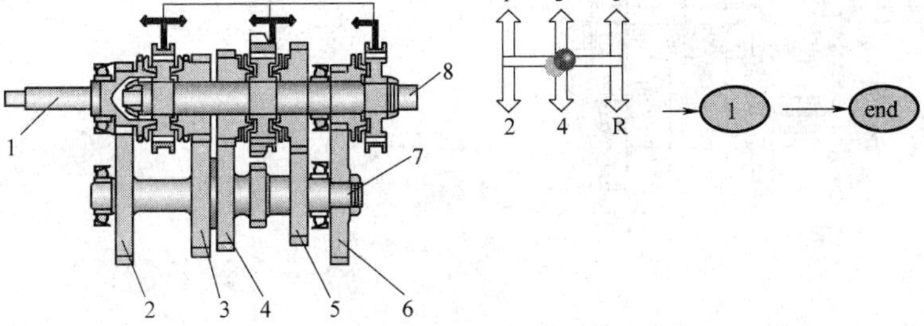

图1-45　三轴变速器的结构示意图（空挡位置）

1—输入轴　2—中间轴　3—中间轴3挡齿轮　4—中间轴2挡齿轮　5—中间轴1挡齿轮　6—中间轴5挡齿轮　7—中间轴　8—输出轴　9—拨叉

三轴变速器空挡位置传动示意图如图 1-45 所示。

三轴变速器 1 挡位置传动示意图如图 1-46 所示。

三轴变速器 2 挡位置传动示意图如图 1-47 所示。

三轴变速器 3 挡位置传动示意图如图 1-48 所示。

三轴变速器 4 挡位置传动示意图如图 1-49 所示。图中，变速器第一轴直接联接第二轴，因此也被称之为直接挡。

三轴变速器 5 挡位置传动示意图如图 1-50 所示。

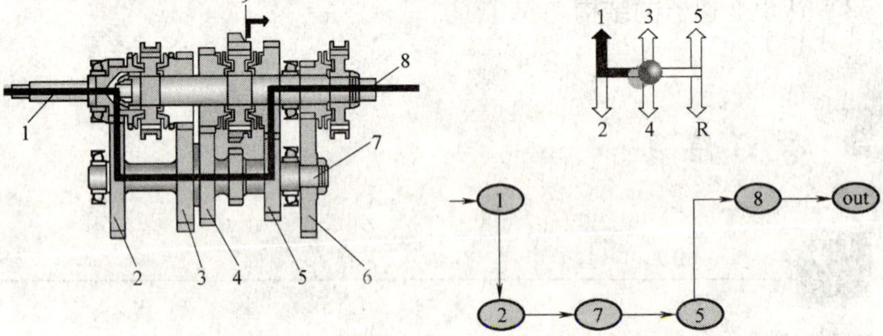

图 1-46　三轴变速器 1 挡位置传动示意图

1—输入轴　2—中间轴　3—中间轴 3 挡齿轮　4—中间轴 2 挡齿轮　5—中间轴 1 挡齿轮　6—中间轴 5 挡齿轮　7—中间轴　8—输出轴　9—拨叉

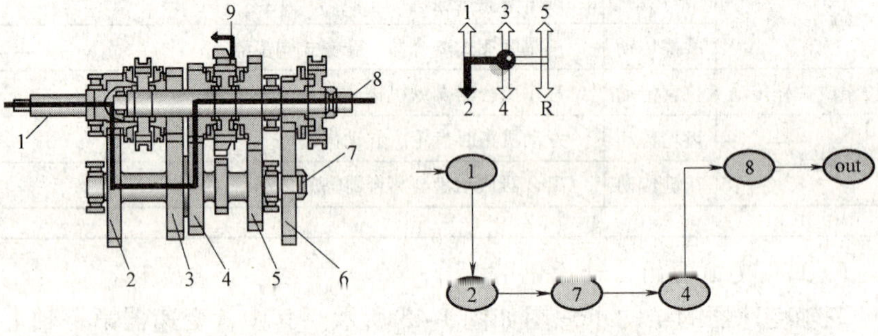

图 1-47　三轴变速器 2 挡位置传动示意图

1—输入轴　2—中间轴　3—中间轴 3 挡齿轮　4—中间轴 2 挡齿轮　5—中间轴 1 挡齿轮　6—中间轴 5 挡齿轮　7—中间轴　8—输出轴　9—拨叉

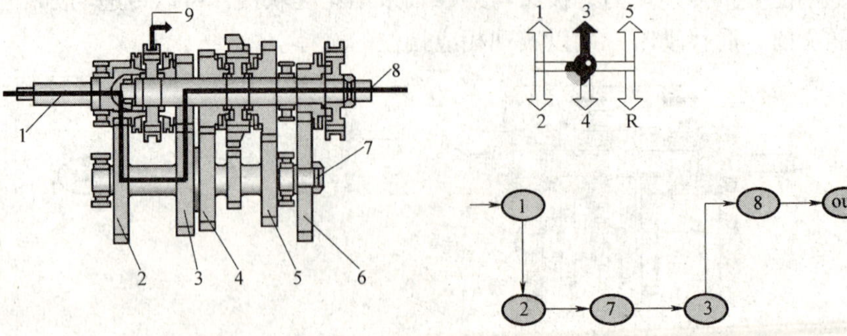

图 1-48　三轴变速器 3 挡位置传动示意图

1—输入轴　2—中间轴　3—中间轴 3 挡齿轮　4—中间轴 2 挡齿轮　5—中间轴 1 挡齿轮　6—中间轴 5 挡齿轮　7—中间轴　8—输出轴　9—拨叉

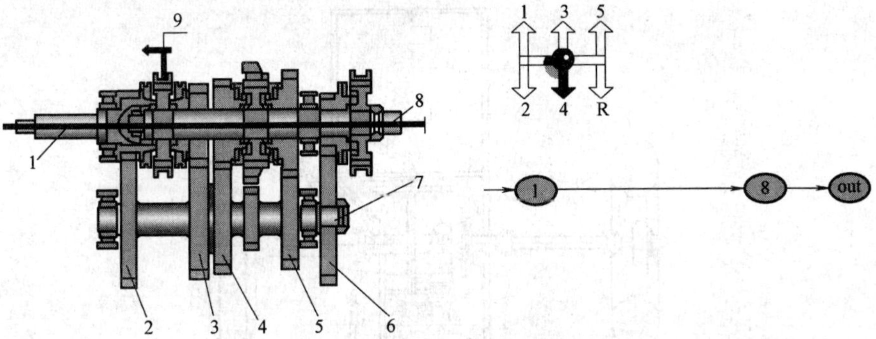

图 1-49　三轴变速器 4 挡位置传动示意图

1—输入轴　2—中间轴　3—中间轴 5 挡齿轮　4—中间轴 2 挡齿轮　5—中间轴 1 挡齿轮
6—中间轴 5 挡齿轮　7—中间轴　8—输出轴　9—拨叉

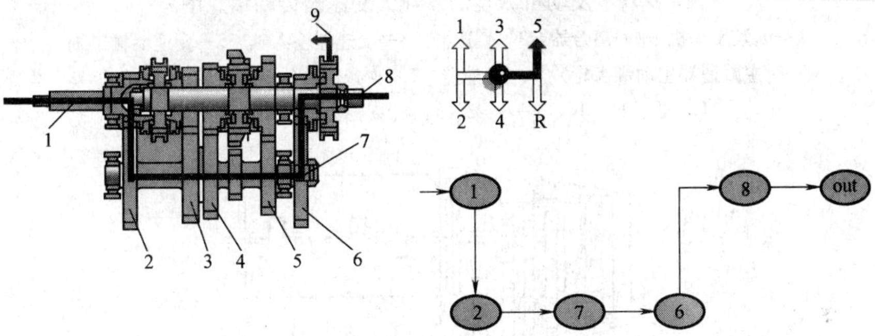

图 1-50　三轴变速器 5 挡位置传动示意图

1—输入轴　2—中间轴　3—中间轴 3 挡齿轮　4—中间轴 2 挡齿轮　5—中间轴 1 挡齿轮
6—中间轴 5 挡齿轮　7—中间轴　8—输出轴　9—拨叉

为了能够在发动机曲轴转动方向不变的情况下倒车行驶，在变速器中设置了倒挡轴。倒挡的动力传递路线是：

变速器第轴→第一轴常啮合齿轮→中间轴常啮合齿轮→中间轴→中间轴倒挡齿轮→倒挡中间齿轮（倒挡惰轮）→第二轴倒挡齿轮→结合套→结合齿座→第二轴，并输出动力，实现反向行驶。

2. 两轴变速器

（1）两轴变速器的布置形式　两轴式变速器多在前置前驱车辆中使用，但由于整车布置的不同，变速器又随之分为两种，如图 1-51、图 1-52 所示。

与三轴变速器相比，两轴变速器的特点有：

1）有输入轴和输出轴两根轴线固定的平行轴，动力直接由输入轴传递到输出轴。

2）前进挡都是单级传动采用，传动效率比三轴变速器高（三轴变速器直接挡除外），没有直接挡。

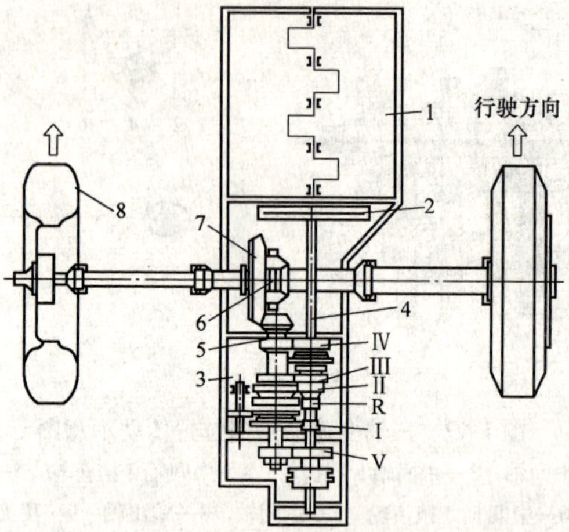

图 1-51　发动机纵置的二轴式变速器传动示意图

1—纵置发动机　2—离合器　3—变速器　4—变速器输入轴　5—变速器输出轴（主减速器主动锥齿轮）　6—差速器　7—主减速器从动锥齿轮　8—前轮

Ⅰ、Ⅱ、Ⅲ、Ⅳ、Ⅴ—1、2、3、4、5 挡齿轮　R—倒挡齿轮

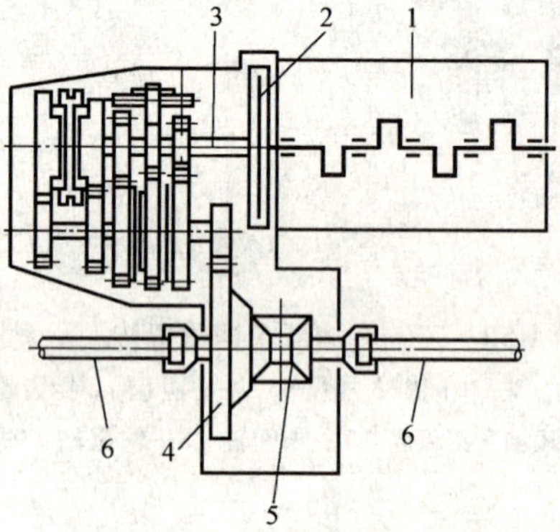

图 1-52　发动机横置的二轴式变速器传动示意图

1—发动机　2—离合器　3—变速器　4—主减速器

5—差速器　6—带等角速万向节的半轴

3）输出轴直接与差速器减速齿轮相啮合，差速器安装在变速器壳体内，如图 1-53 所示。

（2）两轴变速器的传动原理　图 1-53 所示变速器中，所有输入轴齿轮都是固定联接在输出轴上，输出轴上除了倒挡输出轴齿轮外全部采用空套在轴上的定位方式。

空挡位置时，动力从输入轴传递到输出轴，如图 1-54 所示。

1 挡位置时，动力从输入轴传递到输出轴，如图 1-55 所示。

2 挡位置时，动力从输入轴传递到输出轴，如图 1-56 所示。

3 挡位置时，动力从输入轴传递到输出轴，如图 1-57 所示。

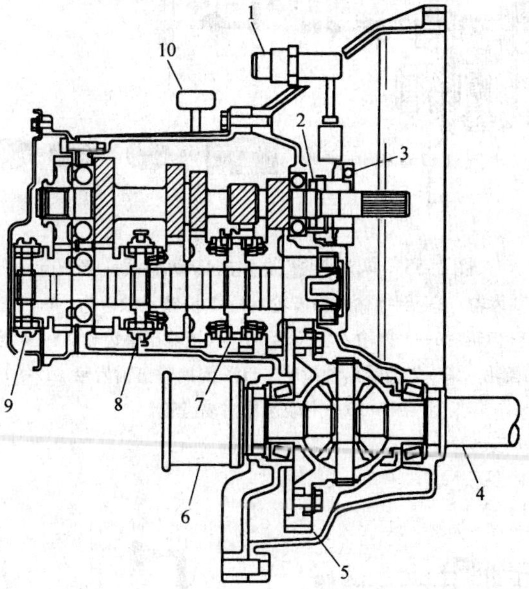

图 1-53　两轴变速器

1—液压保持阀（1bar）　2—油封（从外部可更换）　3—离合器分离轴承（可单独更换型）　4—前驱动半轴中间轴　5—盆形齿轮　6—等速万向节壳体　7—1/2 挡同步器　8—3/4 挡同步器　9—5 挡同步器　10—变速器通风孔

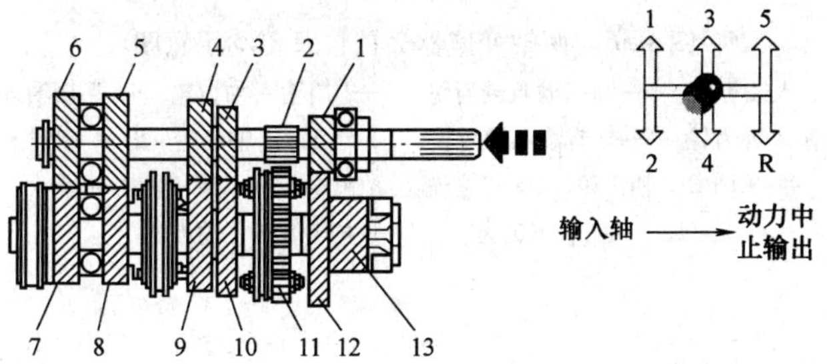

图 1-54　两轴变速器的结构示意图（空挡位置）

1—1 挡输入轴齿轮　2—倒挡输入轴齿轮　3—2 挡输入轴齿轮　4—3 挡输入轴齿轮　5—4 挡输入轴齿轮　6—5 挡输入轴齿轮　7—5 挡输出轴齿轮　8—4 挡输出轴齿轮　9—3 挡输出轴齿轮　10—2 挡输出轴齿轮　11—倒挡输出轴齿轮　12—1 挡输出轴齿轮　13—主减速器主动齿轮

4 挡位置时，动力从输入轴传递到输出轴，如图 1-58 所示。

5 挡位置时，动力从输入轴传递到输出轴，如图 1-59 所示。

倒挡位置时，拨叉拨动倒挡惰轮（图 1-54 中未画出），倒挡惰轮做轴向滑动，与倒挡输入轴齿轮和倒挡输出轴齿轮进入啮合，输出动力到输出轴。

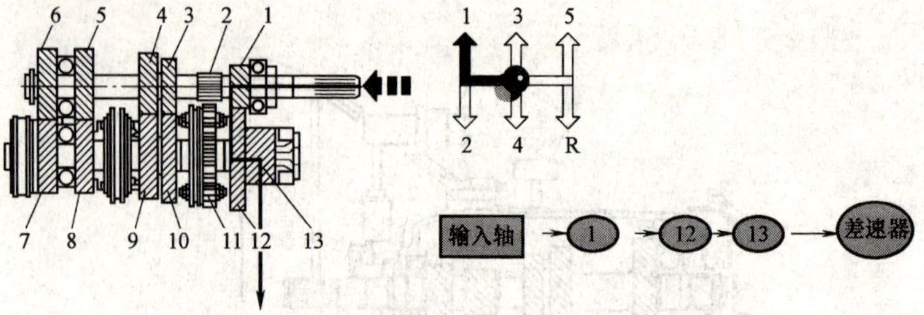

图 1-55　两轴变速器 1 挡传动路线示意图

1—1 挡输入轴齿轮　2—倒挡输入轴齿轮　3—2 挡输入轴齿轮　4—3 挡输入轴齿轮　5—4 挡输入轴齿轮　6—5 挡输入轴齿轮　7—5 挡输出轴齿轮　8—4 挡输出轴齿轮　9—3 挡输出轴齿轮　10—2 挡输出轴齿轮　11—倒挡输出轴齿轮　12—1 挡输出轴齿轮　13—主减速器主动齿轮

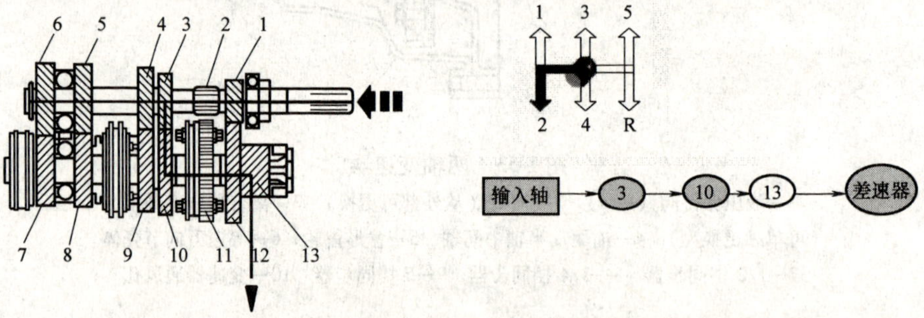

图 1-56　两轴变速器 2 挡位置传动示意图

1—1 挡输入轴齿轮　2—倒挡输入轴齿轮　3—2 挡输入轴齿轮　4—3 挡输入轴齿轮　5—4 挡输入轴齿轮　6—5 挡输入轴齿轮　7—5 挡输出轴齿轮　8—4 挡输出轴齿轮　9—3 挡输出轴齿轮　10—2 挡输出轴齿轮　11—倒挡输出轴齿轮　12—1 挡输出轴齿轮　13—主减速器主动齿轮

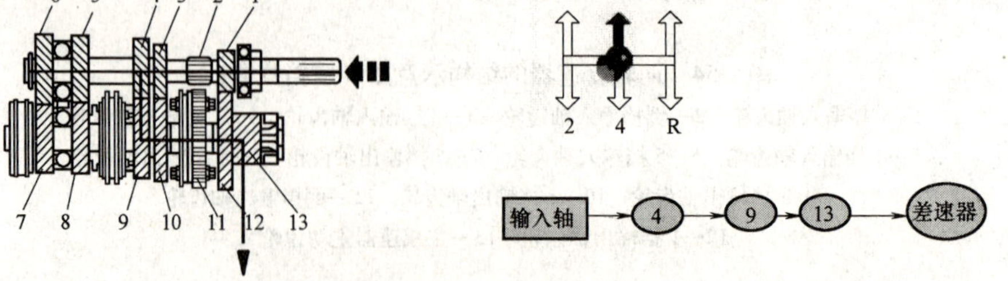

图 1-57　两轴变速器 3 挡位置传动示意图

1—1 挡输入轴齿轮　2—倒挡输入轴齿轮　3—2 挡输入轴齿轮　4—3 挡输入轴齿轮　5—4 挡输入轴齿轮　6—5 挡输入轴齿轮　7—5 挡输出轴齿轮　8—4 挡输出轴齿轮　9—3 挡输出轴齿轮　10—2 挡输出轴齿轮　11—倒挡输出轴齿轮　12—1 挡输出轴齿轮　13—主减速器主动齿轮

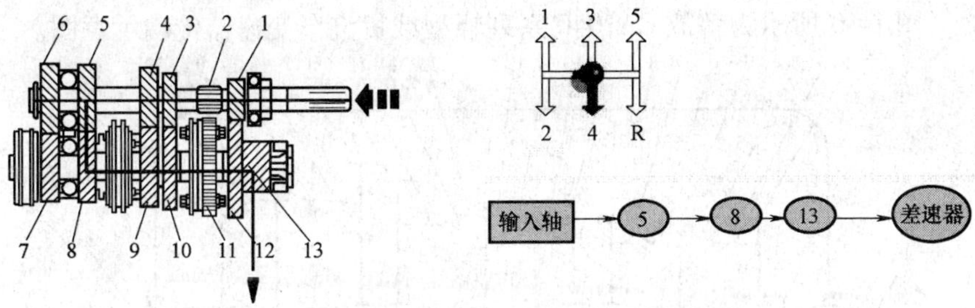

图 1-58 两轴轴变速器 4 挡位置传动示意图

1—1 挡输入轴齿轮 2—倒挡输入轴齿轮 3—2 挡输入轴齿轮 4—3 挡输入轴齿轮
5—4 挡输入轴齿轮 6—5 挡输入轴齿轮 7—5 挡输出轴齿轮 8—4 挡输出轴齿轮
9—3 挡输出轴齿轮 10—2 挡输出轴齿轮 11—倒挡输出轴齿轮 12—1 挡输出轴齿轮
13—主减速器主动齿轮

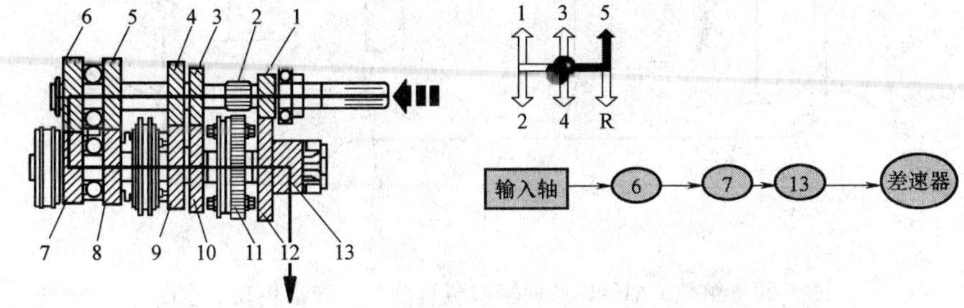

图 1-59 三轴变速器 5 挡位置传动示意图

1—1 挡输入轴齿轮 2—倒挡输入轴齿轮 3—2 挡输入轴齿轮 4—3 挡输入轴齿轮
5—4 挡输入轴齿轮 6—5 挡输入轴齿轮 7—5 挡输出轴齿轮 8—4 挡输出轴齿轮
9—3 挡输出轴齿轮 10—2 挡输出轴齿轮 11—倒挡输出轴齿轮 12—1 挡输出轴齿轮
13—主减速器主动齿轮

3. 识读变速器的结构示意图

实际使用的有变速器传动示意图中常见符号及含义见表 1-5。

表 1-5 有变速器传动示意图中常见符号及含义

符号	含 义	符号	含 义
	固定安装在轴上的齿轮	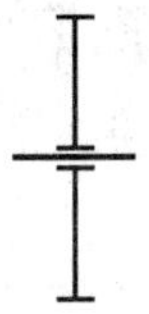	空套在轴上的齿轮
	固定安装在轴上的齿轮	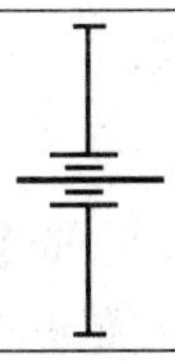	采用滚动轴承支承在轴上的齿轮
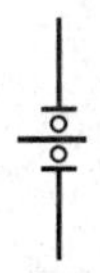	滚动轴承支承的轴		

图1-60所示为解放CA1040系列轻型载货汽车变速器传动示意图。

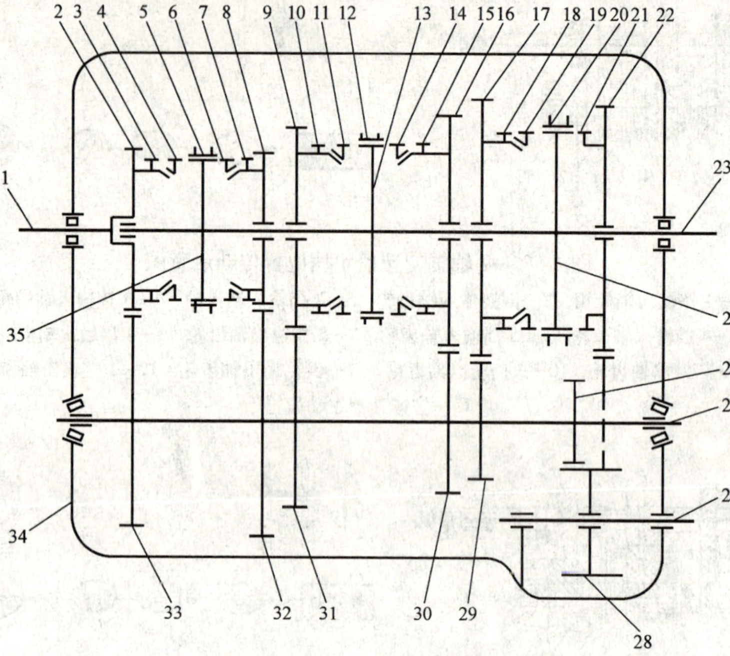

图1-60　解放CA1040系列轻型载货汽车变速器传动示意图

1—第一轴　2—第一轴常啮合齿轮　3—第一轴齿轮接合齿圈　4—4挡同步器锁环　5、12、20—接合套　6—5挡同步器锁环　7—5挡齿轮接合齿圈　8—第二轴5挡齿轮　9—第二轴3挡齿轮　10—2挡齿轮接合齿圈　11—3挡同步器锁环　13、24、35—花键毂　14—2挡同步器锁环　15—2挡齿轮接合齿圈　16—第二轴2挡齿轮　17—第二轴1挡齿轮　18—1挡齿轮接合齿圈　19—1挡同步器锁环　21—倒挡齿轮接合齿圈　22—第二轴倒挡齿轮　23—第二轴　25—中间轴倒挡齿轮　26—中间轴　27—倒挡轴　28—倒挡中间齿轮　29—中间轴1挡齿轮　30—中间轴2挡齿轮　31—中间轴3挡齿轮　32—中间轴5挡齿轮　33—中间轴常啮合传动齿轮　34—变速器壳体

完成学习工作页

查询资料，完成工作任务后，填写工作页和自测单。

完成下列任务

1. 安全环保检查

1）进入生产实训现场时，着装整齐，佩带防护用具正确。

2）生产实训现场中，需要遵守安全规则，注意过往车辆和人群，避免意外伤害。

2. 任务准备

1）明确任务目标。

在开始工作前，寻找足够的信息资源、查询资料。

变速器挡位数：________ 变速器布置型式：________

变速器类型： 三轴变速器□ 两轴变速器□

2）对任务进行先期预估，组织分工，拟定工作计划。

小组成员	
所需工具	
查询资料/信息来源	维修手册□ 挂图□ 参考书□ 教师□
任务内容及计划	

提示：分解变速器壳体的操作要点：

1）参照资料确定变速器壳体的分解顺序，注意装复时的顺序相反。

2）拆卸时，应仔细观察零件的装配关系和安装方向。

3）按照正确顺序拆装螺钉：满足对角拆装原则。

4）定置摆放零件，避免规格混乱，造成装配错误。

3. 完成任务

1）分解变速器壳体，观察并记录。

使用工具：

规格： 螺钉数量：

规格： 螺钉数量：

规格： 螺钉数量：

观察并记录变速器的传动路线，画出传动结构示意图和传动路线图。

传动结构示意图：

传动路线图：

1挡：

2挡：

3挡：

4挡：

倒挡：

2）清理工作台和现场，归置工具 合格□ 不合格□

问答下列问题

1. 什么是直接挡？哪些变速器有直接挡？

2. 比较三轴变速器和两轴变速器的特点。

3. 读图1-61，判断零件的名称和各挡位的传动路线。

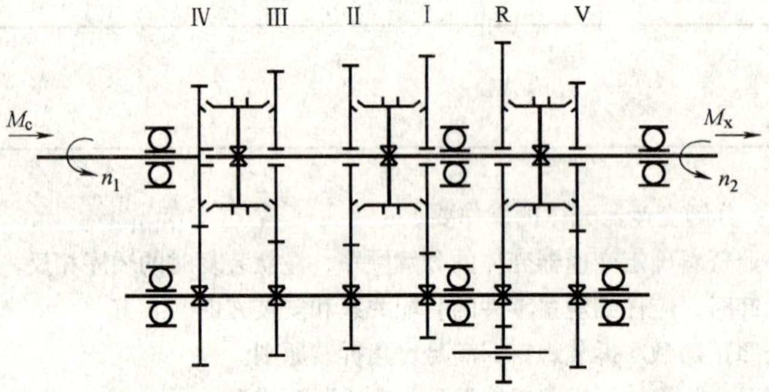

图1-61　某型变速器的传动示意图

任务5　自测表

在教师的帮助下找出所有的错误并改正，最后由教师确认	
任务要求	回　答
描述变速器的结构	是□　否□
描述三轴手动变速器的传动路线	是□　否□
描述两轴手动变速器的传动路线	是□　否□
正确完成变速器壳体的分解	是□　否□
正确使用工具	是□　否□
遵守5S管理原则	是□　否□
关键能力	回　答
是否能正确查找资料、收集信息	是□　否□
是否有计划、组织和团队交流合作	是□　否□

学习评价：　合格□　不合格□

学生签字　　教师签字

日　期　　日　期

任务6　认识同步器

学习目标

1）认识同步器的作用。

2）认识锁环式同步器的工作原理。

3）认识锁销式同步器的工作原理。

学习信息

想一想

什么是“两脚离合”换挡？

1. 同步器的作用

变速器换挡操作时容易出现结合齿轮和接合套转速不相同，产生轮齿或花键齿间的冲击。为了简化操作并避免齿间冲击，需在换挡装置中设置同步器。变速器的换挡方式有3类：拨叉直接拨动齿轮进行换挡的方式、拨叉拨动接合套进行换挡的方式（见图1-62）和同步器换挡的方式。

在图1-62所示两轴变速器换挡过程中，3挡输入轴齿轮2和4挡输入轴齿轮4空套在输入轴1上，由于传动比不同，因此两者转速不相等。接合套固定齿座固定在输入轴上，与输入轴转速相同，通过前后拨动接合套3，可以实现3挡或4挡的切换。

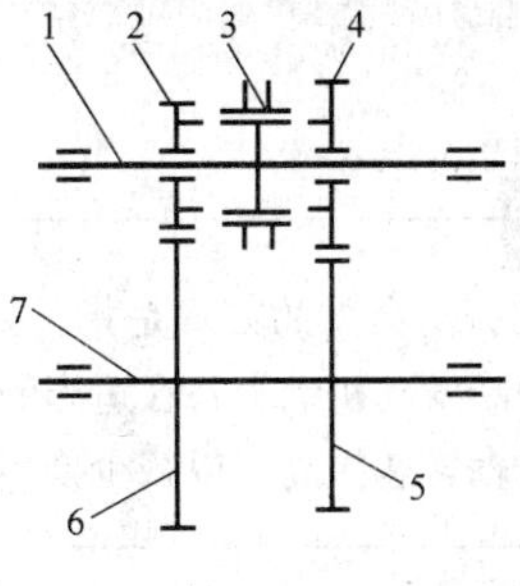

图1-62　两轴变速器3/4挡的结构示意图
1—输入轴　2—3挡输入轴齿轮　3—接合套
4—4挡输入轴齿轮　5—输出轴4挡齿轮
6—输出轴3挡齿轮　7—输出轴

无论是从低挡换到高挡，还是高挡换到低挡，换挡过程都可分为以下几个阶段：①挂挡运行；②脱开前一挡位，进入空挡；③挂入目标挡位运行。例如3/4挡切换过程（见表1-6）：3挡输入轴齿轮2和4挡输入轴齿轮4的转速分别是n_2和n_4，结合套3的转速为n_3，输入轴1的转速为n_1。由于换挡时离合器分离，发动机的动力被切断，因此n_1、n_2、n_3、n_4都会降低；但是由于离合器的转动惯量小，输出轴与主传动系统、驱动桥相连，转动惯量较大，因此，下降会比n_2和n_4快，n_3和n_1相同。

表 1-6　3/4 挡切换过程

	换挡位置	转速	过 程 描 述
低挡进高挡（见图 a）	3 挡	$n_1=n_3<n_4$	从 3 挡到空挡，由于离合器分离，动力切断，n_1、n_3、n_4 的转速都下降，但 n_1 下降比较快
	空挡	$n_1<n_3<n_4$	从空挡到 4 挡，由于 $n_1<n_3<n_4$，为了减少换挡时的冲击，在达到 $n_1=n_4$ 点时换挡，需要使离合器重新接合，将 n_1 提高
	4 挡	$n_3<n_1=n_4$	
高挡退低挡（见图 b）	4 挡	$n_3<n_1=n_4$	从 4 挡到空挡，由于离合器分离，动力被切断，n_1、n_3、n_4 的转速都下降，但 n_1 下降比较快，但高于 n_3
	空挡	$n_3<n_1<n_4$	从空挡到 3 挡，由于 $n_3<n_1<n_4$，可以通过切断动力后 n_1 下降的惯性来实现在 $n_1=n_3$ 点时换挡，但所需要的时间较长
	3 挡	$n_1=n_3<n_4$	

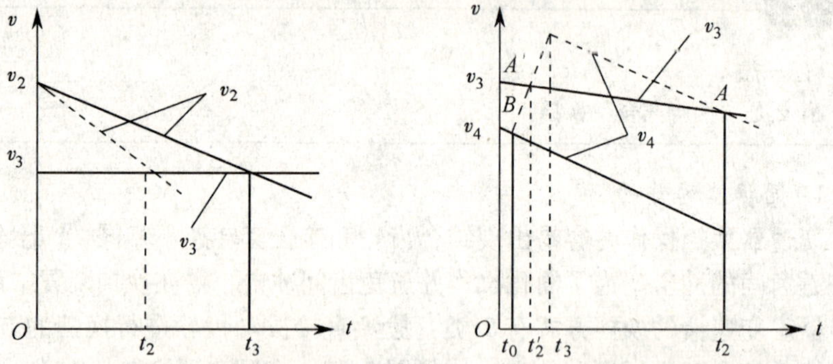

a)　　　　　　b)

“两脚离合”的方式是指：高挡退低挡时，第一次踩离合器踏板，使离合器分离，中断发动机动力；在适当的时候再次踩下离合器踏板，使离合器重新结合，使离合器轴转速提高，以减少换挡冲击的换挡方法。

同步器的作用是保证在换挡时使接合套与待结合齿圈的转速迅速达到同步，并防止两者在同步前进入啮合，从而可以消除换挡时的冲击，并使换挡操纵简单。

2. 锁环式同步器

（1）锁环式同步器的结构　锁环式同步器尺寸小、结构紧凑、摩擦力矩也较小，多用于轿车和轻型货车变速器，如图 1-63 所示。

花键毂与轴为花键联接，并用垫片和卡环作轴向定位。在花键毂 2 与两端结合齿圈 8 之间，各有一个铜制的锁环 1、5（也称同步环）。锁环上有短花键齿圈，其断面轮廓尺寸与结合齿圈 8 及花键毂 2 上的外花键齿均相同。在锁环上，对着接合套 4 一端的花键齿都有倒角，称为锁止角。接合套 4 的齿端也有相同的倒角。锁环与结合齿圈 8 有摩擦锥面，锁环 1、5 内锥面上制有细牙的螺旋槽，以便与结合齿圈 8 的外锥面接触后破坏油膜，增加锥面间的摩擦，缩小同步时间。滑块有 3 个，分别嵌合在花键毂的 3 个轴向凹槽内，在同步器毂两边的环形弹簧圈的作用下，滑块压向接合套，使滑块中部的凸起部分正好嵌在接合套中部的凹槽中。在同步器毂两边的环形弹簧圈的作用下，定位滑块 3 压向结合套 4，使滑块中部的凸起部分正好嵌在接合套中部的凹槽中。换挡时，定位滑块 3 可以随着接合套 4 在花键毂的轴向槽内做轴向移动，同时起到空挡定位作用。定位滑块 3 的两端伸入锁环的 3 个缺口中，但滑块的宽度小于缺口的宽度，两者之差比锁环上花键齿的齿宽略宽。

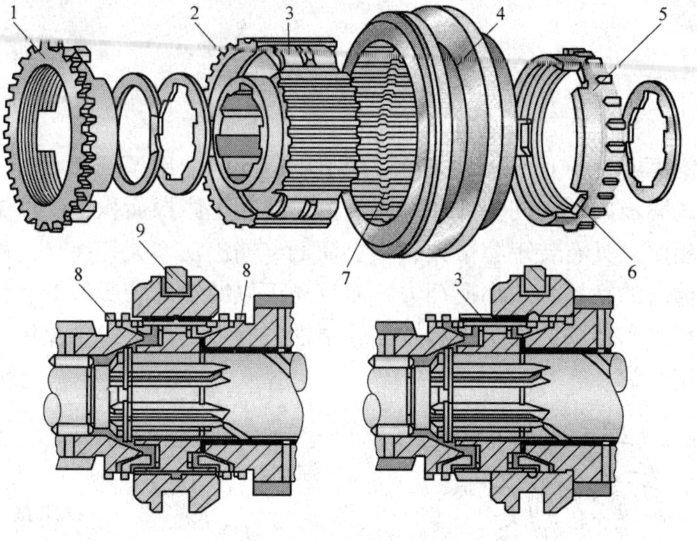

图 1-63　锁环式同步器

1、5—锁环　2—花键毂　3—定位滑块　4—接合套
6—锁环缺口　7—定位凹槽　8—接合齿圈　9—拨叉

（2）工作原理

1）同步环的摩擦力矩。在换挡行程开始，目标挡位齿轮和同步器花键毂的转速不相同，在同步环与结合齿圈之间的锥面上产生摩擦力，则由于转速不同产生摩擦力矩。该力矩的大小随目标挡位齿轮和同步器花键毂的转速差的变化而变化。

2）同步环的拨环力矩。驾驶员始终给接合套一个轴向的操纵力，在相互接触的倒角斜面上产生正压力 N（见图 1-64b），其在同步环圆周方向上的分力所产生的旋转力矩，称之为拨环力矩，方向与摩擦力矩相反。

3）同步过程的两个阶段。锁环式同步器的同步过程分为两个阶段，分别是不同步阶段和同步阶段。

①不同步阶段：以摩擦力矩为主。摩擦力矩大于拨环力矩，同步环沿圆周方向相对于结合齿圈和接合套旋转，直到同步器锁块侧面抵靠到锁环

缺口的侧面。这时，同步环和接合套结合齿之间倒角面相对抵住，阻止接合套挂入挡位齿轮结合齿圈，接合套即被锁止（见图 1-64a），保证了变速器不同步则挂不上挡。

②同步阶段：以拨环力矩为主。随着目标挡位齿轮转速和结合套转速逐渐接近，摩擦力矩逐渐减小。这时，在拨环力矩的作用下，锁环反向旋转，直到打开锁止。在驾驶员操纵力的作用下，实现换挡（见图 1-64c），实现了变速器同步之后才能挂上挡。

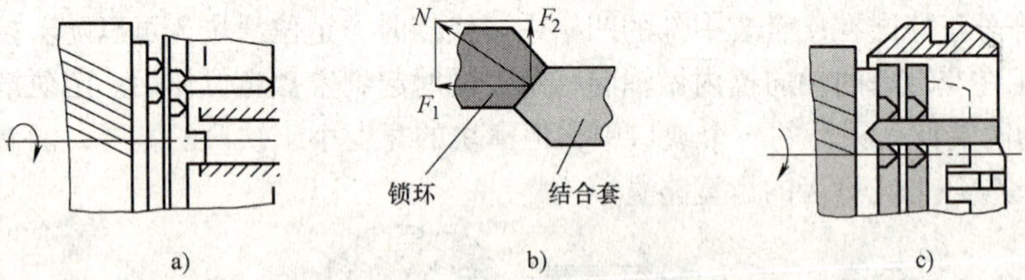

图 1-64　同步器工作过程

双锥面或三锥面同步器锁环（见图 1-65）采用了新型的结构形式，由嵌套式同步内环和同步外环组成。由于增加了摩擦面积，与单锥面同步器锁环相比，具有转矩容量大、热负荷低、输出功率大等优点，可以实现快速无撞击的换挡，减小换挡力，而且还可以减轻驾驶员的劳动强度，能显著提高汽车行驶的安全性和换挡轻便性，有效提高了齿轮及传动系统的平均使用寿命。

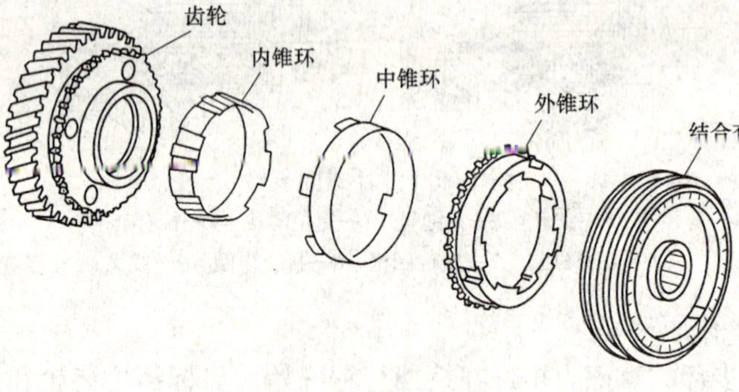

图 1-65　双锥面同步器

3. 锁销式同步器

锁销式同步器多用于大、中型货车，其结构如图 1-66a 所示。两个有内锥面的摩擦锥盘分别固定在带有外花键齿轮的斜齿齿轮上，随齿轮一同旋转。与之相配合的两个有外锥面的摩擦锥环，通过 3 个锁销和 3 个定位销与接合套连接。锁销与定位销在同一圆周上相互间隔地均匀分布。在接合套上的定位销孔中部钻有斜孔，内装有弹簧，把钢球顶向定位销中部的环槽（见图 1-66b），以保证同步器处于正确的空挡位置。定位销 2 两端深入锥环内侧面，但有间隙，故定位销可随接合套 5 轴向移动。锁销的两顶端固定在摩擦锥环的孔中，而两端的工作表面直径与接合套凸缘上相应的销孔的内径相等，其中部直径则小于孔径。只有在锁销和接合套孔对中时，接合套方能沿锁销轴向移动。锁销中部和接合套上相应的销孔两端有角度相同的倒角，称为锁止角（见图 1-66c）。

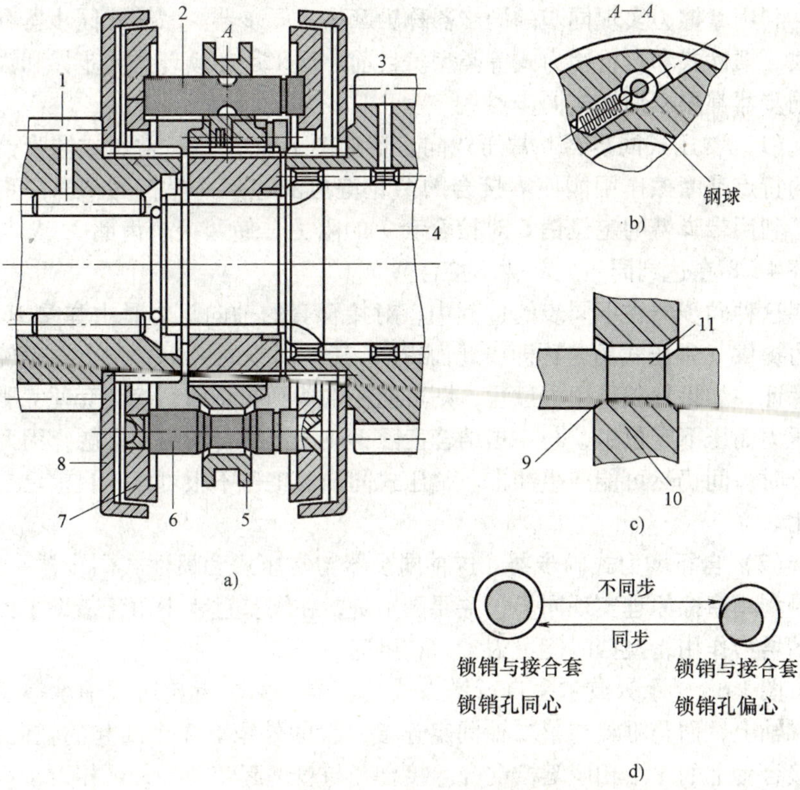

图 1-66　锁销式惯性同步器

1—第一轴齿轮　2—定位销　3—第二轴 4 挡齿轮　4—第二轴
5—接合套　6—锁销　7—摩擦锥环　8—摩擦锥盘
9—锁止角　10—接合套　11—锁销

锁销式同步器的工作过程与锁环式同步器的工作过程相同，也产生摩擦力矩和拨环力矩，在其作用下的同步过程分为两个阶段（见图 1-66d），接合套受到拨叉的轴向推力作用，通过钢球和定位销带动摩擦锥环移动，使之与对应的摩擦锥盘接触。存在转速差的摩擦锥环与摩擦锥盘一经接触，靠接触面的摩擦使锥环连同锁销一起相对接合套转过一个角度，因而锁销的轴线相对接合套上销孔的轴线偏移（见图 1-66d），于是锁销中部倒角与销孔端的倒角互相抵触（见图 1-66c），以阻止接合套继续前移。此时，锁止面上法向压紧力的轴向分力作用在锥盘上并使之与锥盘压紧，接合套与待接合的花键齿圈迅速达到同步。

只有达到同步时，起锁止作用的齿轮的惯性力矩消失，作用在锁销上的切向分力才能通过锁销使摩擦锥环、摩擦锥盘和齿轮一同相对于接合套转过一个角度，使锁销重新与销孔对中（见图 1-66d）。于是，接合套便能轻易地克服钢球的阻力而沿锁销移动，直至与第一轴齿轮 1 的花键齿圈接合，实现挂挡。

4. 常压式同步器和自行增力式同步器

利用摩擦力实现同步的同步器称为摩擦式同步器。摩擦式同步器有常压式、惯性式和自行增力式等类型。目前广泛采用的锁环式同步器和锁销式同步器都属于惯性式同步器。

（1）常压式同步器　常压式同步器如图 1-67 所示。常压式同步器换挡的特点是摩擦作用能使需接合的两花键齿圈达到并保持同步。同步初期，利用带弹簧的定位销 6 对接合套 7 的阻力，使两接合齿圈 3、9 与同步环 4、8 在达到同步之前暂不接合。

这种同步器在不同步的过程中，对接合套的轴向阻力是由弹簧 16 的压力提供（常压式的名称即由此而得）。其不同步的锁止力大小靠螺旋弹性保证，如果驾驶员用力过猛，则可能在未达到同步前，接合套便克服弹簧压力而压下定位销，与 4 挡结合齿圈 3 或 3 挡结合齿圈 9 接触，因此在接合时齿间仍然可能产生冲击。常压式同步器工作不很可靠，目前已较少采用。

（2）自行增力式同步器　这种同步器与常压式和惯性式同步器一样，也是利用摩擦原理实现同步，主要区别是，在同步过程中由于借助了弹簧片的增力作用，换挡时能更为省力和迅速。

图 1-68 所示为波尔舍自行增力式同步器。两个齿轮通过轴承空套在第二轴上，而花键毂与第二轴固定连接，毂的外缘有 3 个凸起的轴向键，与接合套上的 3 个相应键槽配合。接合套与毂一起转动，并可相对于毂轴向移动。接合齿圈与常啮齿轮固定连接。弹性的开口同步环、滑块、支承块及两个弹簧片均装在接合齿圈内，并用挡片加以轴向限位。滑块的凸起部嵌于同步环的开口处，处于空挡时两侧有间隙，支承块内圆上的凸起则嵌入接合齿圈轴颈上相应的槽中，槽比凸起稍宽些。同步环外表面沿轴向两端制出外锥面，而接合齿圈和接合套的两侧齿端也制出与其配合的内锥面。

变速器由高挡换入低挡时，需首先将接合套自空挡位置(见图 1-68a)向右移动，因为开口的同步环外径稍大于接合套右侧齿端的内径，且同步环与待啮合齿轮一起旋转，接合套转速高于同步环转速，故两者一经接触便产生摩擦，同步过程开始（见图 1-68b）。在摩擦力的作用下，接合套带动同步环顺时针方向转动一个角度，使同步环开口的左端顶住滑块凸起的左侧，推动滑块旋转并将右弹簧片压在同步环的内表面上。这时，支承块成为支点（见图 1-68 中图）。由于弹簧片对同步环施加了径向力，接合套与同步环之间的摩擦力矩便得到增强，继而弹簧片的径向力又进一步增大。这样，增大了的摩擦力矩使接合齿圈的转速迅速上升，直至达到同步。因此，这种同步器是借助于弹簧片对同步环的增力而进行工作的。

只要接合套与待啮合齿轮之间存在转速差，弹簧片的支承力就阻止同步环直径缩小，因而也就阻止了接合套移动。在两者的转速差为零（同步）时，弹簧片卸除载荷，即以右弹簧片的上端为支点，弹簧片伸张，其下端顶住支承块凸起的右侧，推动接合齿圈连同低挡齿轮一起顺时针方向转动一个角度，使弹簧片松弛，于是阻止同步环直径缩小的支承力消失。此时，在不大的换挡力作用下，接合套便可压缩同步环，与右侧的接合齿圈结合，而同步环处于接合套的凹槽里。

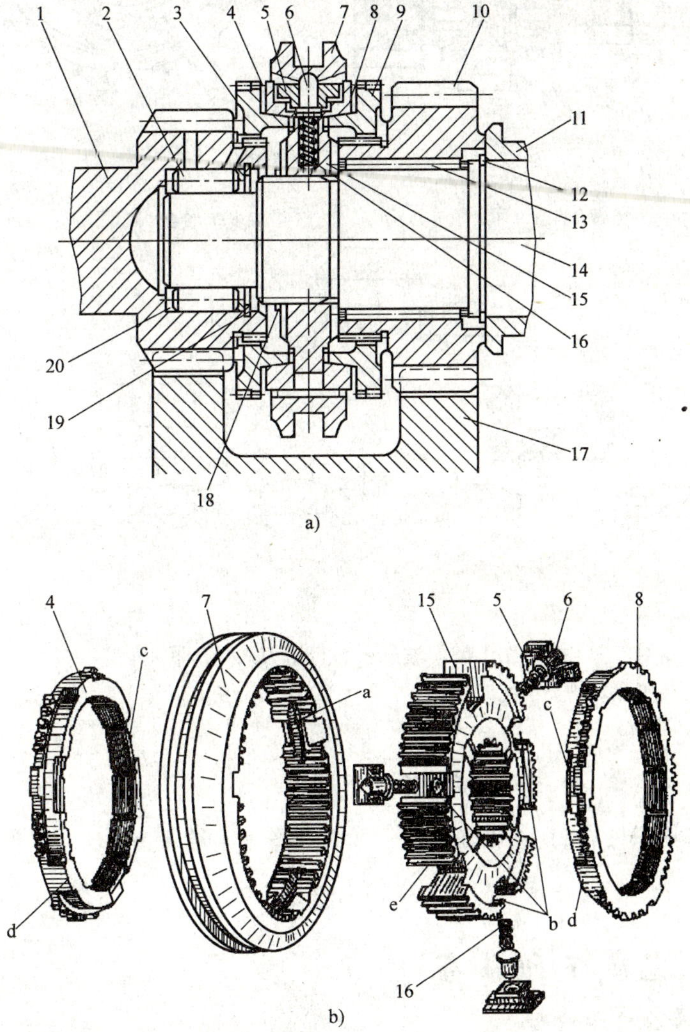

图 1-67　锁环式惯性同步器

1—第一轴　2、13—滚针轴承　3—4 挡接合齿圈　4、8—同步环
5—滑块　6—定位销　7—接合套　9—3 挡接合齿圈　10—第二轴
3 挡齿轮　11—衬套　12、18、19—卡环　14—第二轴
15—花键毂　16—弹簧　17—中间轴 3 挡齿轮　20—挡圈

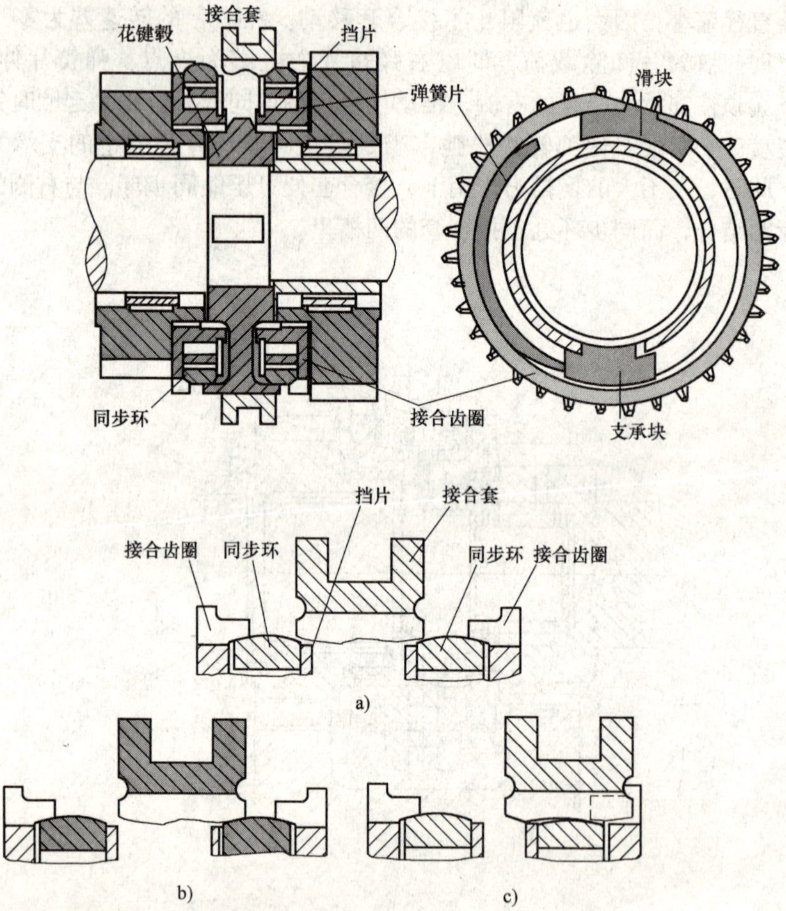

图1-68　波尔舍自行增力式同步器

完成学习工作页

查询资料，完成工作任务后，填写工作页和自测单。

完成下列任务

1. 安全环保检查

1）进入生产实训现场时，着装整齐，佩带防护用具正确。

2）生产实训现场中，需要遵守安全规则，注意过往车辆和人群，避免意外伤害。

2. 任务准备

1）明确任务目标：分解同步器，掌握同步器的结构特点。

在开始工作前，寻找足够的信息资源、查询资料。

变速器型号：＿＿＿＿＿＿　同步器类型：＿＿＿＿＿＿

2）对任务进行先期预估，组织分工，拟定工作计划。

小组成员	
所需工具	
查询资料/信息来源	维修手册□　挂图□　参考书□　教师□
任务内容及计划	

提示：分解同步器的操作要点

1）参照资料确定变速器壳体的分解顺序，注意装复时的顺序相反。

2）拆卸时应仔细观察，同步器花键毂的朝向不对称，有方向。

3）花键毂上有3个凹口，接合套上有3个凹陷的内齿槽，凹口与内齿要相吻合，如图1-69所示。

4）安装弹簧圈时注意观察弹簧头部的固定方式，如图1-70所示。

5）注意观察接合套的方向，防止轴向与拨叉错位。

6）定置摆放零件，避免规格混乱，造成装配错误。

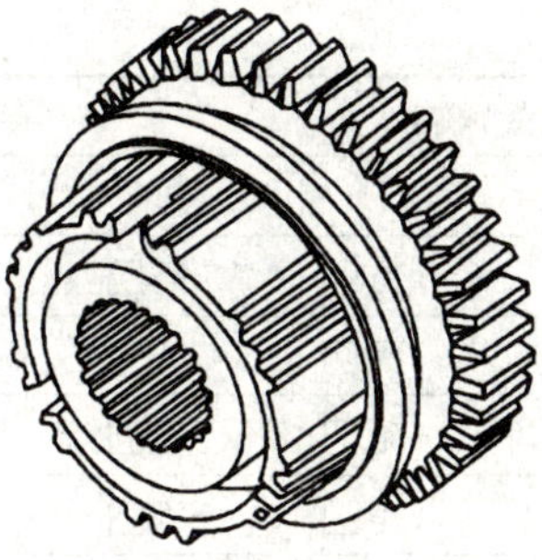

图1-69　同步器的方向

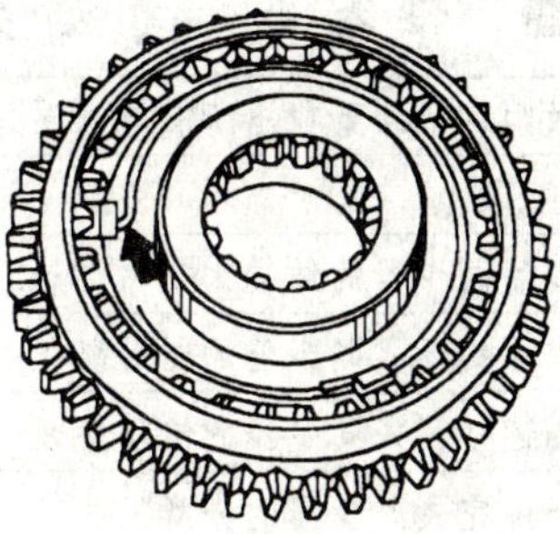

图1-70　同步器环形弹簧的定位

3. 完成任务

完成同步器的分解，对工作过程中的现象、数据进行记录。

1）分解变速器壳体，观察并记录。

使用工具：

螺钉规格1：　　　　　　数量：

螺钉规格2：　　　　　　数量：

2）观察并记录同步器的传动路线，并画出同步器传动路线示意图。

传动路线示意图：

____挡齿轮 ⟶

⟶ 输出轴

3）清理工作台和现场，归置工具　　合格□　　不合格□

问答下列问题

1. 同步器的作用是什么？如果没有同步器，换挡为什么要采用“两脚离合”的操作方法？

2. 比较锁环式同步器和锁销式同步器的不同。

3. 锁环式同步器的同步力矩是：摩擦力矩□　　拨环力矩□

任务6　自测表

在教师的帮助下找出所有的错误并改正，最后由教师确认	
任务要求	回　答
描述同步器的结构	是□　　否□
描述锁环式同步器的传动路线	是□　　否□
描述锁销式同步器的传动路线	是□　　否□
正确完成同步器的分解	是□　　否□
正确使用工具	是□　　否□
遵守5S管理原则	是□　　否□
关键能力	回　答
是否能正确查找资料、收集信息	是□　　否□
是否有计划、组织和团队交流合作	是□　　否□

学习评价：　　合格□　　不合格□

学生签字　　　　教师签字

日　　期　　　　日　　期

任务7　认识手动变速器操纵机构

学习目标

1）认识变速器操纵机构。

2）认识安全锁定装置。

3）认识倒挡灯开关。

学习信息

想一想

跳挡、乱挡是什么？变速器能不能允许在行进途中跳挡、乱挡？

1. 变速器操纵机构

变速器操纵机构的作用是保证驾驶员能准确可靠地使变速器挂入所需要的任一挡位，并可随时使之退到空挡。

（1）操纵机构的组成　操纵机构分为内操纵机构和外操纵机构，一般由变速杆、拨块、拨叉、拨叉轴以及安全装置等组成。布置在变速器外部的变速杆、变速拉杆/变速拉索、铰链限位及防护装置等称为外操纵机构；布置在变速器内部的拨块、拨叉、拨叉轴、自锁装置、互锁装置等称为内操纵机构。

（2）外操纵机构的形式及布置

1）直接操纵换挡机构。某些发动机前置后轮驱动的车辆，其变速器布置在驾驶员座位附近，变速杆由驾驶室底板伸出，驾驶员可直接操纵。这种操纵机构称为直接操纵式换挡机构，如图1-71所示。直接操纵式变速器具有换挡位置易确定、换挡快、换挡平稳等优点。

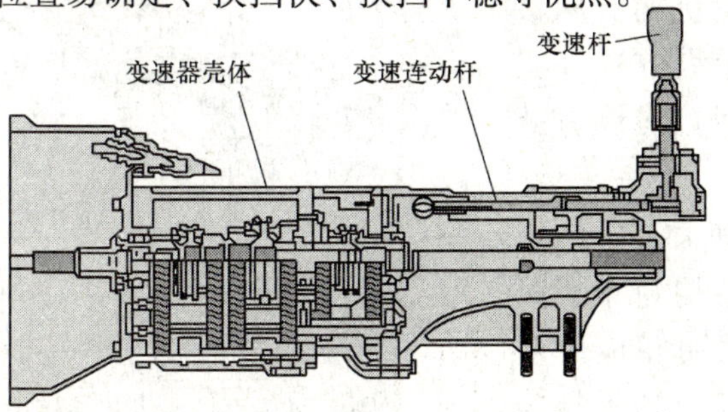

图1-71　直接操纵式换挡机构

2）间接操纵换挡机构。在发动机后置车辆或发动机前置前轮驱动车辆上，汽车变速器距离驾驶员座位较远，变速杆和变速器之间通常需要用传动机构连接，进行远距离间接操纵式换挡。这种类型的布置形式具有变速杆占据空间小、便于布置、驾驶室乘坐空间较大等优点，但是换挡操作的准确性和可靠性稍差。

间接操纵式换挡机构可以分为两种类型：拉杆式（见图1-72）和拉索式（见图1-73）。

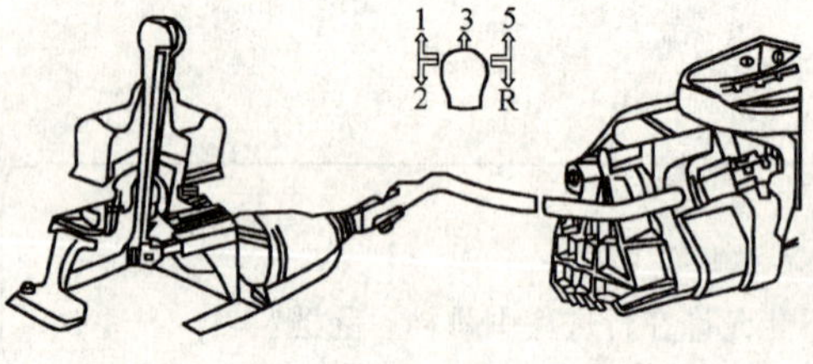

图1-72　拉杆式间接操纵换挡机构

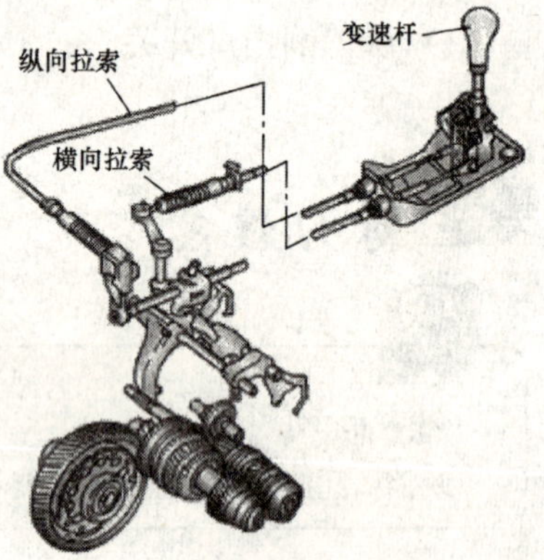

图1-73　拉索式间接操纵换挡机构

（3）内操纵机构　内操纵机构也称为换挡拨叉机构，主要由变速杆、叉形拨杆、换挡轴、各挡拨块、拨叉轴和拨叉组成。换挡过程分为选挡和换挡两个过程：通过外操纵机构的左右摆动，变速杆拨动拨块左右摆动，进入相应的拨叉轴凹槽中，这是选挡操作；然后，在变速杆的作用下前后移动，带动拨叉轴、拨叉前后移动，并使拨叉上的接合套与所选定的目标挡位齿轮接合，从而实现换挡。常见的换挡拨叉机构有两种类型：直接操纵方式（见图1-74）和间接操纵方式（见图1-75）。

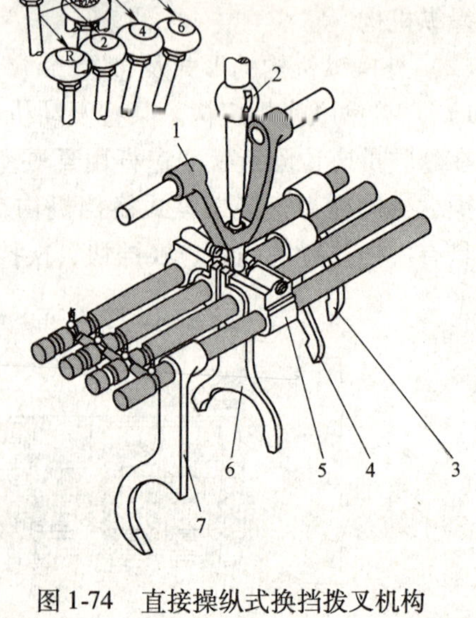

图1-74　直接操纵式换挡拨叉机构

1—叉形拨杆　2—变速杆　3—倒挡拨叉　4—1/2挡拨叉
5—5/6挡拨块　6—3/4挡拨叉　7—5/6挡拨叉

不同变速器的挡数、操纵机构的结构与布置都有所不同，因而相应于各挡位的变速杆上端手柄位置排列（即挡位排列）也不相同。因此，汽车驾驶室仪表板上（或操纵手柄上）应标有该车变速器挡位排列图（见图 1-74 左上方图）。

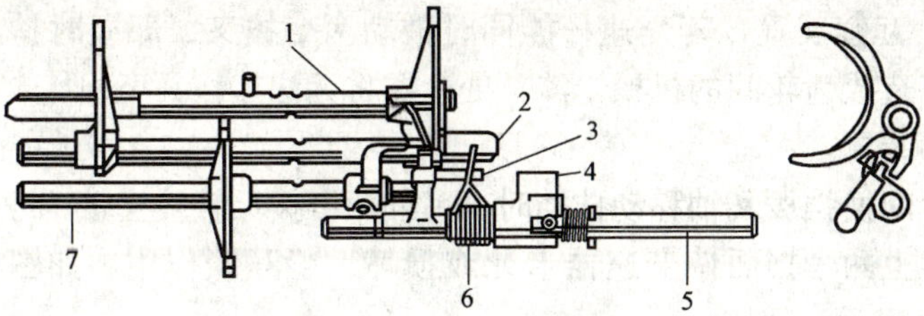

图 1-75　间接操纵式换挡拨叉机构（内操纵机构）

1—5/倒挡拨叉轴　2—3/4 挡拨叉轴　3—定位拨销　4—倒挡保险拨块　5—内变速杆　6—定位弹簧　7—1/2 挡拨叉轴

2. 锁定装置

为保证变速器在任何情况下都能准确、安全、可靠地工作，对变速器操纵机构提出以下要求：

1）为保证变速器不自行脱挡或挂挡，在操纵机构中应设有自锁装置。

2）为保证变速器不同时挂入两个挡位，在操纵机构内应设互锁装置。

3）为防止误挂倒挡，在变速器操纵机构中应设有倒挡锁。

（1）自锁装置　挂挡后，应保证结合套与结合齿圈的全部套合（或滑动齿轮换挡时，全齿长都进入啮合）；在振动等条件影响下，操纵机构应保证变速器不自行挂挡或自行脱挡。为此在操纵机构中设有自锁装置，以防止挂挡过程中，操纵变速杆推动拨叉前移或后移的距离不足或由于汽车振动等原因，齿轮产生轴向移动而减少了齿宽方向的啮合长度，甚至完全脱离啮合。

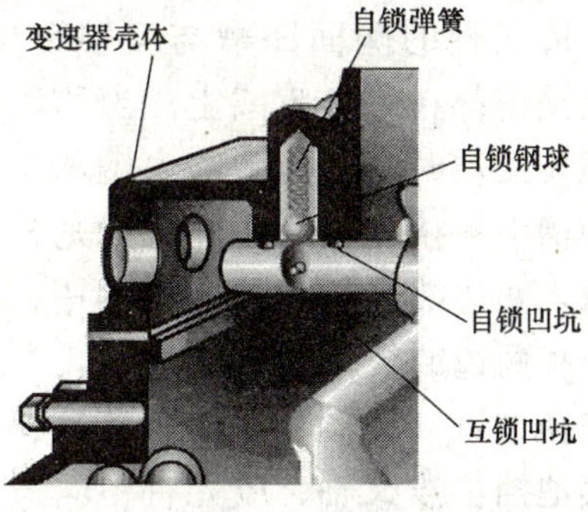

图 1-76　自锁装置

如图 1-76 所示，换挡拨叉轴上方有 3 个凹坑，上面有被自锁弹簧压紧的自锁钢球。当拨叉轴位置处于空挡或某一挡位置时，自锁钢球在弹簧的弹力下压向凹坑面。当任一根拨叉轴连同拨叉轴向移动到空挡或某一工作位置时，必有一个凹槽正好对准自锁钢球。于是，自锁钢球在弹簧压力下嵌入该凹槽内，拨叉轴的轴向位置即被固定，从而拨叉连同滑动齿轮（或接合套）也被固定在空挡或某一工作挡位的位置，不能自行脱出。当需要换挡时，驾驶员必须通过变速杆对拨叉或拨叉轴施加一定的轴向力，克服弹簧的压力将钢球由拨叉轴的凹槽中挤出，推回孔中，拨叉轴和拨叉才能再进行轴向移动。拨叉轴上表面相邻凹槽之间的距离，等于为保证在全齿宽上啮合或完全退出啮合所必需的拨叉及其轴的移动距离。

（2）互锁装置　若变速杆能同时推动两个拨叉，即同时挂入两个挡位，必将造成齿轮间的机械干涉，变速器将无法工作甚至损坏。为此，应设置互锁装置。

当中间换挡拨叉轴移动挂挡时，另外两个拨叉轴被互锁钢球锁住，防止同时挂上两个挡而使变速器卡死或损坏，起互锁作用，如图 1-77、图 1-78 所示。

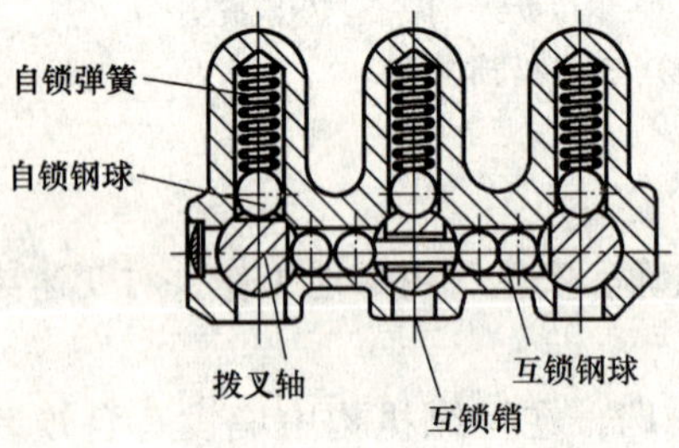

图 1-77　自锁装置和互锁装置

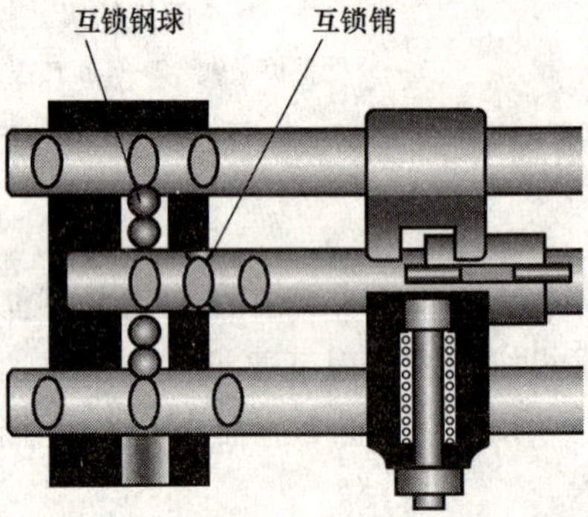

图 1-78　互锁装置的工作原理图

东风 EQ1090E 的互锁装置由互锁钢球和互锁销组成的，如图 1-78 所示。每根拨叉轴朝向互锁钢球的侧表面上均制出一个深度相等的凹槽，任一拨叉轴处于空挡位置时，其侧面凹槽都正好对准互锁钢球。两个互锁钢球直径之和正好等于相邻两轴之间的距离加上一个凹槽的深度。中间拨叉轴上两个侧面凹槽之间有孔相通，孔中有一根可以移动的互锁销，销的长度等于拨叉轴的直径减去一个凹槽的深度。

当变速器处于空挡位置时，所有拨叉轴的侧面凹槽与互锁钢球、互锁销都在一条直线上。当移动中间拨叉轴时，其两侧的内钢球从侧凹槽中被挤出，而两外钢球则分别嵌入两边拨叉轴的侧面凹槽中，因而将两边的拨叉轴刚性地锁止在其空挡位置（见图 1-79a）。若欲移动其他挡位拨叉轴，应先将中间拨叉轴拨回到空挡位置（见图 1-79b）。在移动图 1-79b 中下方拨叉轴时，互锁钢球便从凹槽中被挤出，通过互锁销和其他互锁钢球将其他拨叉轴均锁止在空挡位置。同理，当移动上方拨叉轴时，下方拨叉轴和中间拨叉轴被锁止在空挡位置（见图 1-79c）。

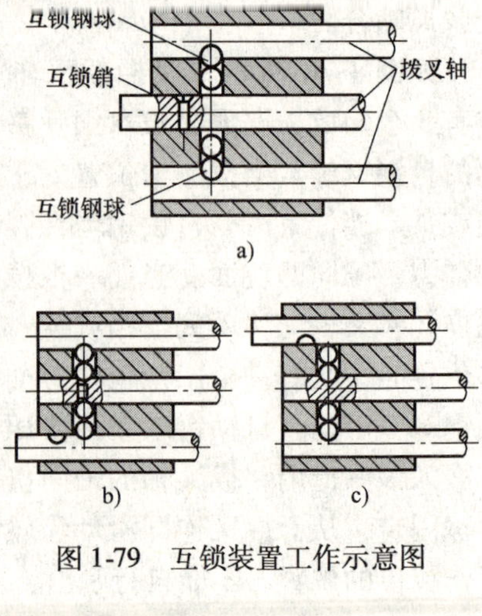

图 1-79　互锁装置工作示意图

常见的互锁装置有两种：锁销式互锁装置（见图 1-80）和转动钳口式互锁装置（见图 1-81）。

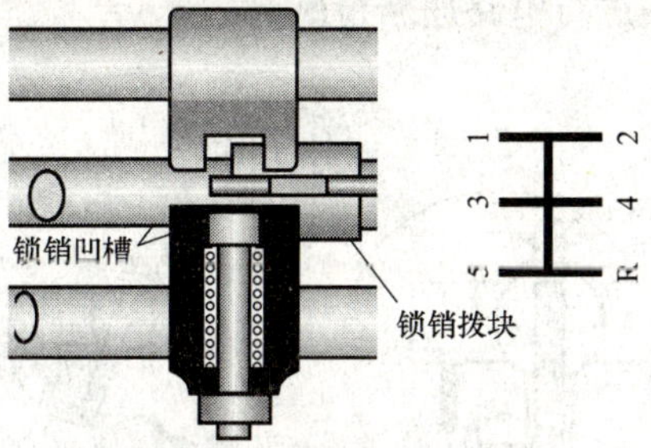

图 1-80　锁销式互锁装置

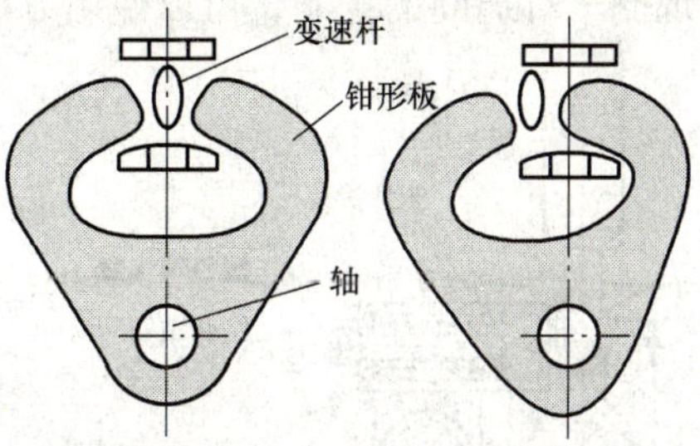

图 1-81　转动钳口式互锁装置

（3）倒挡锁　如果在汽车行进中误挂倒挡，变速器轮齿间将发生极大冲击，导致零件损坏。若汽车起步时误挂倒挡，则容易出现安全事故，因此设有倒挡锁。

当变速杆下端向倒挡拨叉轴移动时，必须向下压缩弹簧才能进入倒挡拨叉轴上的拨块槽中，防止了在汽车前进时误挂倒挡而导致零件损坏，起到了倒挡锁的作用。当倒挡拨叉轴移动挂挡时，另外两个拨叉轴被钢球锁住，如图 1-82 所示。

不同的车辆有不同的倒挡锁机构，但大多数汽车在挂入倒挡时，需要克服一定阻力，以起到提醒注意的作用，防止驾驶员误挂倒挡。

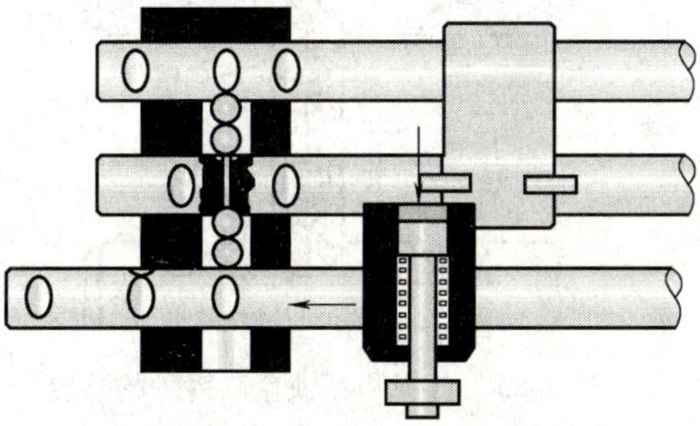

图 1-82　倒挡锁装置的工作原理图

图 1-83 所示为东风变速器的倒挡锁装置。它由 1 挡/倒挡拨块中的倒挡锁销及弹簧组成，驾驶员要挂一挡或倒挡时，必须用较大的力使变速杆的下端压缩弹簧，将锁销推向右方后，才能使变速杆下端进入倒挡拨块的凹槽内，以拨动 1 挡/倒挡拨叉轴进行挂挡。

图 1-84 所示为捷达变速器的倒挡装置。在正常的前进挡换挡行程内，变速杆锁止凸轮向上运动，防止锁止（是选挡壳体一个内部件）。挂倒挡时，驾驶员必须首先克服阻力压下锁止装置中的压力弹簧，变速杆通过球形变速杆导管向下运动，使锁止杆凸轮绕过联锁装置，挂入倒挡。之后弹簧又将变速杆上推到啮合位置，并使它保持在倒挡位置。

3. 倒挡灯开关

汽车倒车时，为了警示车后的行人和其他车辆注意避让，在汽车的后部装有倒车灯和倒车蜂鸣器（或倒车语音报警器），它们均由装在变速器上的倒挡开关控制。

当变速杆挂入倒挡时，在拨叉轴的作用下，倒挡开关接通倒车报警器和倒车灯电路，从而发出声光倒车信号。倒挡灯开关是利用倒挡的操纵实现倒车灯通断的控制，可以使用万用表进行电路通断检测。

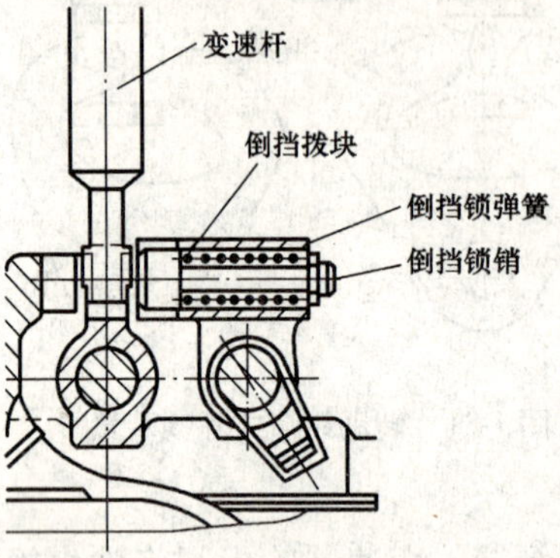

图 1-83 东风变速器的倒挡锁装置

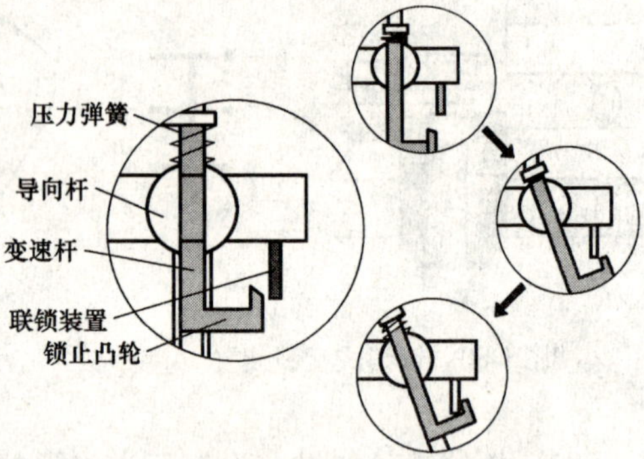

图 1-84 捷达变速器的倒挡锁装置

你知道吗

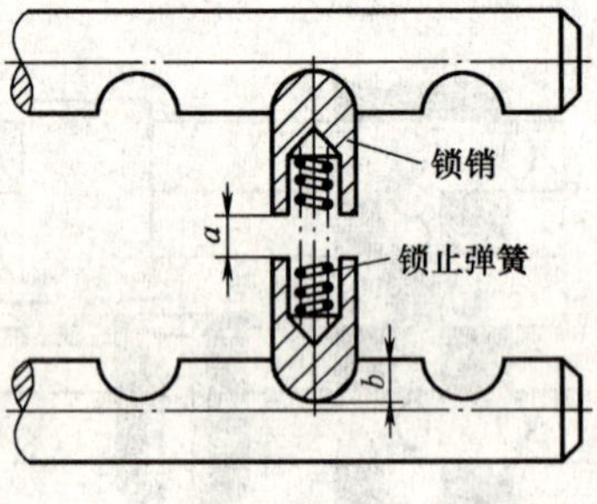

图 1-85 自锁和互锁合二为一的装置

有的变速器将自锁和互锁装置合二为一，如图 1-85 所示。两根空心锁销内装有自锁弹簧，在图示空挡位置时，两锁销内端面间的距离 a 等于一个凹槽深度 b，因此不但具有互锁的作用，同时自锁弹簧的预压力使锁销对拨叉轴具有自锁定位作用

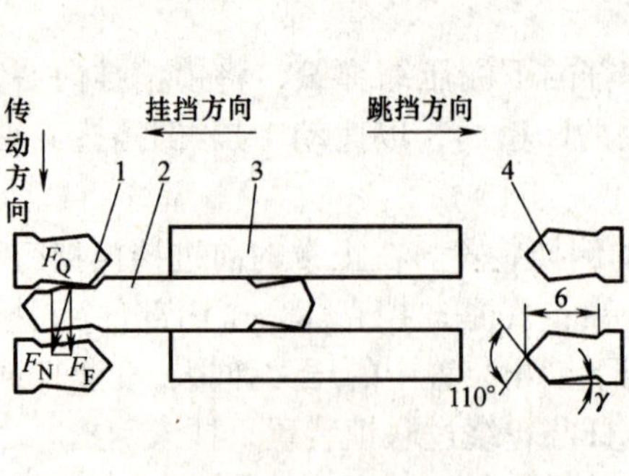

图 1-86 齿端倒斜面式防跳挡结构示意图

1、4—接合齿圈 2—接合套 3—花键毂

F_F—圆周力 F_N—倒锥齿面正压力 F_Q—防止跳挡的轴向力

图 1-86 所示的防跳挡结构的接合套 2 的两端及接合齿圈 1、4 的齿端都制有相同斜度的倒斜面。接合套 2 左移与接合齿圈 1 接合时（图示位置），接合齿圈将转矩传到接合套的一侧，再经过接合套的另一侧传给花键毂 3。由于接合齿圈 1 与接合套 2 齿端部为斜面接触，便产生一个垂直斜面的正压力，其轴向分力可防止图示跳挡方向的自动跳挡

（续）

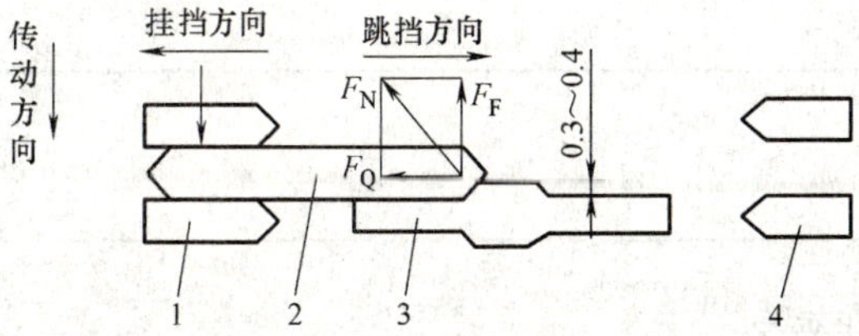 图 1-87　减薄齿式防跳挡结构示意图 1、4—接合齿圈　2—接合套　3—花键毂　F_F—圆周力 F_N—凸台对接合套的总阻力　F_Q—防止跳挡的轴向力	图 1-87 所示的防跳挡结构在花键毂 3 的外齿圈两端齿厚各减薄 0.3～0.4mm，使各齿中部形成一凸台。当同步器的接合套 2 左移与接合齿圈 1 接合时（图示位置），接合齿圈将转矩传到接合套的一侧，再经接合套的另一侧传给花键毂。由于接合套的后端被花键毂中部凸台挡住，在接触面上便产生一个正压力，其轴向分力即可防止图示跳挡方向的自动跳挡

完成学习工作页

查询资料，完成工作任务后，填写工作页和自测单。

完成下列任务

1. 安全环保检查

1）进入生产实训现场时，着装整齐，佩带防护用具正确。

2）生产实训现场中，需要遵守安全规则，注意过往车辆和人群，避免意外伤害。

2. 任务准备

1）明确任务目标。

①分解换挡拨叉机构，掌握变速器锁定原理。

②认识外操纵机构。

2）在开始工作前，寻找足够的信息资源、查询资料。

查询资料/信息来源：维修手册□　挂图□　参考书□　教师□

变速器型号：　　　　　　操作机构类型：

3）对任务进行先期预估，组织分工，拟定工作计划。

小组成员	
所需工具	
拟定任务内容及计划	

提示：分解锁定装置的操作要点

1）参照资料确定换挡拨叉机构的分解顺序，注意装复时的顺序相反。

2）拆卸时，应仔细观察拨叉的方向，如图1-88所示。

3）分解拆装拨叉时，要注意选择正确的工艺位置，参见图1-89所示，否则可能出现于变速器壳体干涉而损坏机件。

4）注意拆装拨叉轴时，一定要保持空挡位置，否则容易因换挡机构互锁而损坏机件。

5）拆装自锁装置时，为防止自锁弹簧将自锁钢球弹出而造成安全事故和钢球遗失，须采取防范措施。

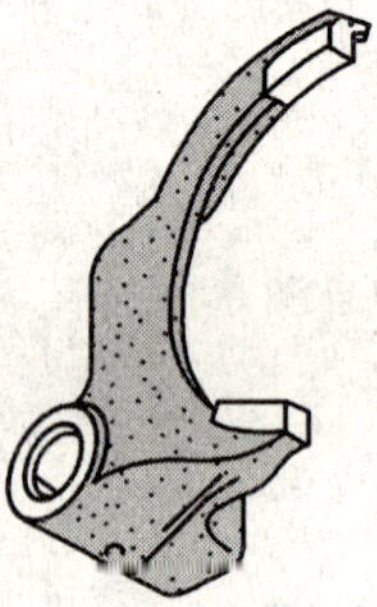

图1-88　拨叉的安装方向

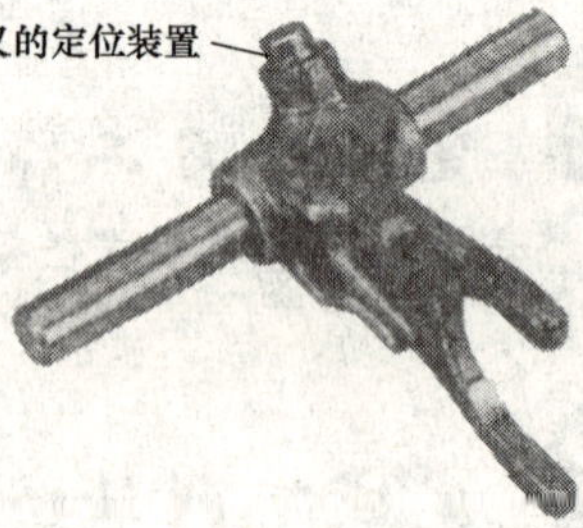

图1-89　换挡拨叉的定位

3. 完成任务

完成换挡拨叉机构的分解，对工作过程中的现象、数据进行记录。

1）分解换挡拨叉装置，观察并记录。

使用工具：

2）观察并记录换挡操纵过程，说明该变速器自锁和互锁的原理。

3）实物指认倒挡锁定装置。

4）实物指认倒挡灯开关。

5）清理工作台和现场，归置工具　　合格□　不合格□

问答下列问题

1. 什么是变速器外操纵机构？什么是变速器内操纵机构？

2. 自锁装置的作用是什么？

3. 互锁装置的作用是什么？

4. 倒挡锁装置的作用是什么？

任务7　自测表

在教师的帮助下找出所有的错误并改正，最后由教师确认	
任务要求	回　答
描述变速器操纵机构的结构	是□　否□
描述自锁装置的工作原理	是□　否□
描述互锁装置的工作原理	是□　否□
描述倒挡锁装置的工作原理	是□　否□
正确完成换挡拨叉装置的分解	是□　否□
正确使用工具	是□　否□
遵守5S管理原则	是□　否□
关键能力	回　答
是否能正确查找资料、收集信息	是□　否□
是否有计划、组织和团队交流合作	是□　否□

学习评价：　　合格□　不合格□

学生签字　　教师签字

日　期　　日　期

任务8　认识分动器

学习目标

1）认识四轮驱动。

2）认识分时四驱分动器。

学习信息

想一想

四驱车辆的传动路线是什么？

1. 四轮驱动

为了改善汽车在泥泞、雪地路面或越野时驱动轮的路面附着力，可采用四轮驱动或全轮驱动。典型的四轮驱动系统由前置发动机、变速器、前传动轴、后传动轴、前驱动桥、后驱动桥和分动器组成，由驾驶员选择进行两轮驱动或是四轮驱动。为了改善汽车的驱动条件，通常分时驱动器设有高低挡。

四轮驱动（Four Wheel Drive，4WD）可以将发动机的动力分配到前桥和后桥，如图1-90所示。

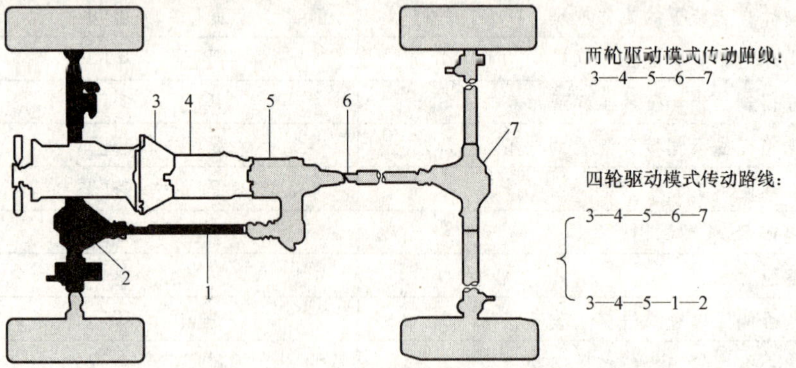

图1-90　传统的四轮驱动系统

1—前万向传动装置　2—前驱动桥　3—离合器　4—变速器

5—分动器　6—后万向传动装置　7—后驱动桥

四轮驱动可分为两种驱动状态：两轮驱动和四轮驱动。根据两轮驱动和四轮驱动切换方式的不同可以分为：分时四驱、全时四驱和恒时四驱等。

（1）分时四驱（part-time）　通常有高低挡可供适应不同的路面，四轮驱动时可实现前桥和后桥之间 50%：50% 的输出转矩分配。分动器接上前桥后，前、后桥的车轮转速相同，但前、后轮胎磨损不同、气压不足或路面情况不同，则会导致车轮产生滑转或滑移。因此，在良好路面上不应接上前桥，以免增加功率消耗、轮胎磨损和传动系统的磨损。在进入坏路面时，应判断两轮和四轮的切换时机，并提前切换到四轮驱动模式。这种驱动模式比较经济，缺点是机械结构比较复杂，前、后桥的转矩分配固定，不能适应所有路面的要求，同时对驾驶员的经验有较高的要求。

（2）恒时四驱（Permanent-time）　恒时四驱始终使用四轮驱动方式，没有两驱方式。这种系统可适应最恶劣的路面。动力传递给全部 4 个车轮，在公路上或越野行驶时均可获得最高的牵引力。它是使用最方便的系统，驾驶员介入最少，但是油耗较高、系统复杂，生产成本高。

（3）全时四驱（Full-time）　可以在全部路面使用四轮驱动，但有两轮驱动模式。四轮驱动正常行驶时，将输出转矩按照 50%∶50% 的比例分配；在轮胎打滑时，可以在 30% ~70% 之间调整驱动转矩，提高车辆的驾驶操控性。

2. 分时四驱分动器

（1）分动器的传动　分动器的作用是将变速器输出的动力分配到各驱动桥，并且进一步增大转矩。分动器也是一个齿轮传动系统，它单独固定在车架上，其输入轴与变速器的输出轴之间用万向传动装置连接。分动器的输出轴分别与万向传动装置与各驱动桥相连。

某分动器的传动系统示意图如图 1-91 所示。

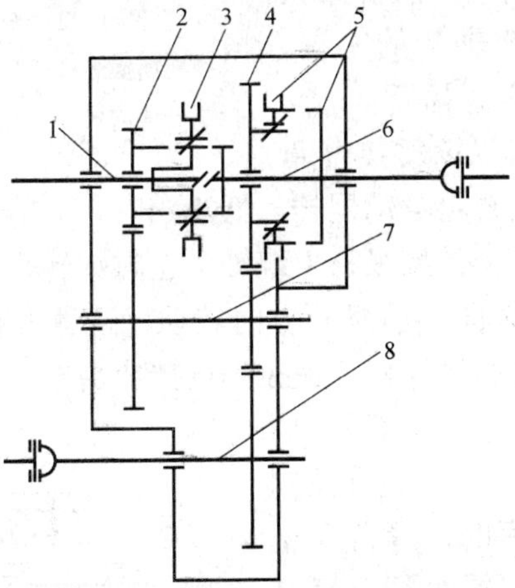

图 1-91　典型分动器传动系统示意图

1—输入轴　2—低挡齿轮　3—同步器接合套　4—四轮驱动齿轮　5—同步器盘　6—后输出轴　7—中间轴　8—前输出轴

分时四驱（带高低挡）的 4 种驱动方式见表 1-7。

表1-7　分时四驱（带高低挡）的4种驱动方式

驱动方式	接合套3	接合套5
4L	前移	后移
N	中位	后移
4H	后移	后移
2H	后移	前移

当分动器挂入低速挡工作时，其输出转矩较大。此时，前桥必须参加驱动，以分担一部分载荷。因此，为了避免中、后桥超载荷，分动器的操纵机构必须保证：接上前桥前不得挂上低速挡；退出低速挡前不得摘下前桥。

（2）分动器的互锁装置　分动器的操纵机构与变速器操纵机构相似，如图1-92所示。前桥操纵杆2的下端装有螺钉3，其头部可以顶靠着换挡操纵杆1的下部。轴7靠两个支承臂8固定在变速器的盖上。分动器的换挡操纵杆1和前桥操纵杆2位于变速器变速杆的右侧。换挡操纵杆1以其中部的孔松套在轴7上，其下端借传动杆4与分动器的换挡摇臂相连。前桥操纵杆2的中部则固定于轴7的一端。在轴7的另一端固定着摇臂6，其臂端经传动杆5与操纵前桥接合套的摇臂相连。驾驶员要将分动器挂入低速挡时，只需将换挡操纵杆1的上端推向前方。此时，换挡操纵杆1绕轴7逆时针转动，其下臂便压推螺钉3，带动前桥操纵杆2向接前桥的方向转动。这就使得挂入低速挡时，前桥即已接上。但当换挡操纵杆1被拨到空挡或高速挡位置时，并不能带动前桥操纵杆2回位而摘下前桥。同理，当将前桥操纵杆2的上端拉向后方，以便摘下前桥时，螺钉3则绕轴7向前推动换挡操纵杆1使之先退出低速挡位置，但并不妨碍退出低速挡后再接前桥。

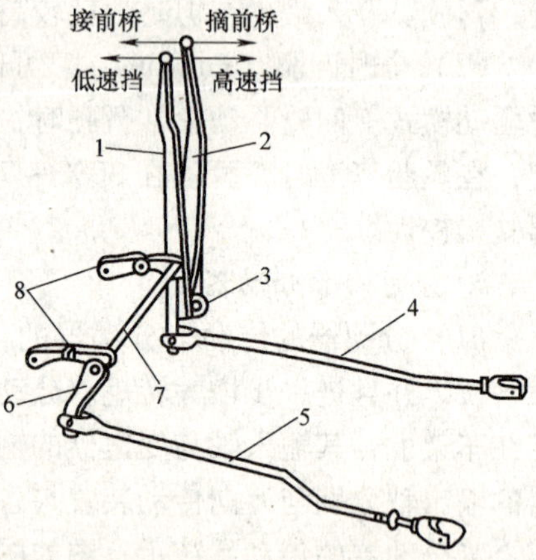

图1-92　分动器操纵机构

1—换挡操纵杆　2—前桥操纵杆　3—螺钉　4、5—传动杆　6—摇臂　7—轴　8—支承臂

分动器操纵杆机构中也有自锁、互锁装置，如图1-93所示。其结构和工作原理与变速器的锁定装置相同，区别在于：高低挡变速叉轴上

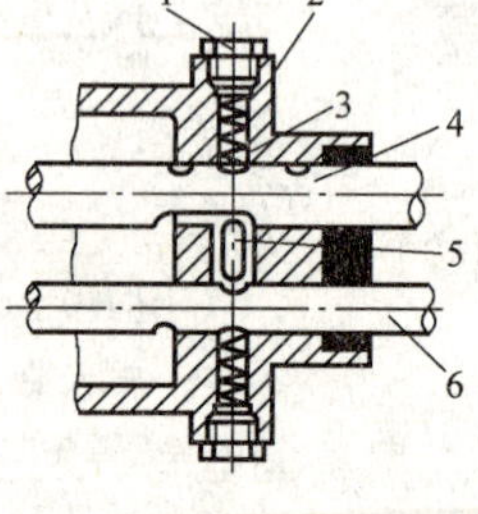

图1-93　分动器的自锁和互锁

1—螺塞　2—弹簧　3—钢球　4—高、低挡变速叉轴　5—互锁销　6—前桥接合叉轴

有一个长形互锁凹槽，长度为高速挡和空挡自锁凹槽的距离。在前桥接合叉轴上正对前桥自锁凹槽位置有一个互锁凹槽，这样就保证了在接上前桥前不会挂上低速挡，退出低速挡前，不会摘下前桥的驱动方式。

完成学习工作页

查询资料，完成工作任务后，填写工作页和自测单。

完成下列任务

1. 安全环保检查

1）进入生产实训现场时，着装整齐，佩带防护用具正确。

2）生产实训现场中，需要遵守安全规则，注意过往车辆和人群，避免意外伤害。

2. 任务准备

1）明确任务目标。

①认识分动器传动路线。

②分解分动器的安全锁定装置，理解分时四驱的换挡模式。

2）在开始工作前，寻找足够的信息资源、查询资料。

查询资料/信息来源：维修手册□　挂图□　参考书□　教师□

分动器型号：

3）对任务进行先期预估，组织分工，拟定工作计划。

小组成员	
所需工具	
拟定任务内容及计划	

提示：

分解拆装分动器盖时，要注意工具的使用和零件的摆放。

3. 完成任务

完成分动器的分解，对工作过程中的现象、数据进行记录。

1）分解拆装分动器盖，观察并记录。

使用工具：

拆下螺钉规格：　　　　　　　　数量：

螺钉规格：　　　　　　　　　　数量：

2）参照图 1-91，观察换挡拨叉装置，画出分动器的传动示意图。

传动路线示意图：

3）参照图 1-93，观察换挡锁定装置的操纵过程，画出自锁和互锁的原理图。

自锁装置示意图：	互锁装置示意图：

4）清理工作台和现场，归置工具　　　　合格□　　不合格□

问答下列问题

1. 什么是分动器？

2. 请描述分时四驱分动器的工作原理。

任务8 自测表

在教师的帮助下找出所有的错误并改正，最后由教师确认

任务要求	回 答
描述分动器的功能	是□ 否□
描述分时四驱分动器的工作原理	是□ 否□
描述分时四驱分动器的锁定装置工作原理	是□ 否□
正确完成分时四驱分动器锁定装置的分解	是□ 否□
正确使用工具	是□ 否□
遵守5S管理原则	是□ 否□
关键能力	回 答
是否能正确查找资料、收集信息	是□ 否□
是否有计划、组织和团队交流合作	是□ 否□

学习评价： 合格□ 不合格□

学生签字 教师签字
日 期 日 期

单元学习鉴定

完成本单元所有工作任务后，由教师组织、实施单元鉴定。

1）鉴定计划

2）鉴定工具1：口头或书面问题清单

3）鉴定工具2：练习和观察清单

4）单元鉴定表

鉴定计划

课程名称	实施汽车离合器和手动变速器维修	单元名称	认识离合器和手动变速器的结构及工作过程

鉴定教师姓名：____________

鉴定目的：通过鉴定，确认学习者具有认识离合器和手动变速器的结构和工作过程的能力

鉴定背景：授课教师____________；已经授课的时间____________学时；授课的地点____________

学生：专业____________年级____________班级____________

鉴定时间：____________________鉴定地点：____________________

鉴定方法：口头或书面回答问题、现场指认、展示操作技能

鉴定工具：口头或书面问题清单、观察和练习清单

合理的调整：根据实际需要进行调整

需要的资源：实训场地，具有离合器和手动变速器的车辆，各种工具和零部件

组织要求：有鉴定资格的教师进行鉴定，学生应遵守学生管理条例

具体安排：考虑鉴定中的职场健康与安全、平等参与、公平公正；保留鉴定的各项证据和反馈信息

需要收集的证据：口头或书面问题清单、观察和练习清单、出勤签到表、反馈信息

对学生的说明：1）认真阅读鉴定任务；2）操作中应遵守职场健康与安全的规定；3）应在教师规定的时间内独立完成鉴定任务；4）完成所有的鉴定工具并均获得合格，才能通过本单元的鉴定；5）鉴定结束后，请确认结果并填写反馈信息；6）如果鉴定不合格，学生应有一次重新鉴定的机会

姓　　名	职　　务	对鉴定安排的意见
____________	____教研室主任____	____________
____________	____汽车系主任____	____________
____________	____________	____________

鉴定工具1：口头或书面问题清单

课程名称	实施汽车离合器和手动变速器维修	单元名称	认识离合器和手动变速器的结构和工作过程

学生姓名：______________　　鉴定教师姓名：______________

鉴定时间：______________　　鉴定地点：______________

鉴定步骤：回答所有问题，问题的答案应符合汽车维修行业的要求

正确回答以下问题（请选择：口头□　书面□）	对	错	备注
1）传动系统的构成是什么			
2）离合器系统的主要构成是什么			
3）离合器的工作过程是什么			
4）离合器主要的分类有哪些，各有什么特点			
5）手动变速器的主要结构是什么			
6）汽车为什么要换挡			
7）简述变速器的传动过程			
8）变速器的安全锁定装置有几种？简述其工作原理			
9）倒挡灯开关安装在什么位置，作用是什么			
10）什么是四轮驱动？四轮驱动系统的主要组成是什么			
11）什么是分时驱动？为什么没有2L挡			

学生表现：

合格 □　　不合格□

给学生的反馈：

如果不合格，需要重新鉴定的说明：

签字说明学生的表现，完成任务的能力和理论的理解

鉴定教师签字：　　日期：

签字说明同意上述记录属实，反映所完成的任务

学生签字：　　日期：

鉴定工具2：练习和观察清单

课程名称	实施汽车离合器和手动变速器维修	单元名称	认识离合器和手动变速器的结构和工作过程

学生姓名：________　鉴定教师姓名：________

鉴定时间：________　鉴定地点：________

任务说明：

在单元一的各工作任务中进行随机抽取，并完成任务，以确定认识离合器和手动变速器的结构和工作过程的能力

鉴定步骤：需要展示所有技能，并能被鉴定教师观察到

学生是否具备下列技能：	是	否	备注
1）实做是否遵守了安全操作程序			
2）是否识别危害，并采用安全程序			
3）是否采用正确的程序和信息，包括维修手册和说明			
4）是否选用了正确的设备和方法			
5）能否正确完成工作任务			
6）任务完成后，是否完成了现场清理和工具、设备的归置			

学生表现：

合格□　　不合格□

给学生的反馈：

如果不合格，需要重新鉴定的说明：

签字说明学生的表现，完成任务的能力和理论的理解

鉴定教师签字：　　　　　　日期：

签字说明同意上述记录属实，反映所完成的任务

学生签字：　　　　　　日期：

单元学习鉴定表

是否在教师的帮助下成功地完成了单元学习目标所制定的工作任务

工作任务的完成	肯定回答	
认识传动系统	合格□	不合格□
认识离合器的动力传递原理	合格□	不合格□
认识离合器	合格□	不合格□
认识变速原理	合格□	不合格□
认识手动变速器的动力传递过程	合格□	不合格□
认识同步器	合格□	不合格□
认识变速器操纵机构	合格□	不合格□
认识分动器	合格□	不合格□
关键能力		
是否根据已有的学习步骤和标准完成资料分析、拟定工作计划	合格□	不合格□
是否通过标准，有效正确地开展职场交流	合格□	不合格□
是否按照计划，有步骤地朝学习目标努力	合格□	不合格□
是否注意了职业态度和职业意识的养成	合格□	不合格□
是否有效地利用资源完成学习任务	合格□	不合格□

完成情况

上述各项任务和单元任务鉴定必须全部合格。如果不是，应咨询教师是否需要增加学习活动，以达到要求的技能。

学生签字：　　　　　　　　　　　　教师签字：

时　　间：　　　　　　　　　　　　时　　间：

单元二　实施离合器和手动变速器的维护与维修

单元学习目标

通过本单元的学习，认识汽车离合器和手动变速器维修程序的有关知识。其具体表现为：

1）完成离合器和手动变速器维护与维修的准备。

2）实施离合器系统的维护。

3）实施离合器系统的检修。

4）实施手动变速器的拆装。

5）实施手动变速器的检修。

学习资源

有关汽车离合器和手动变速器工作原理及结构的资料，可以查询下面材料的文字或电子资料。

1）汽车维护手册。

2）长安之星、福特嘉年华等各型汽车的维修手册。

3）有关职场健康与安全的法律、法规。

4）有关危险化学物质和危险商品的相关信息。

5）汽车维修设备使用说明书和安全操作规定。

学习场所和设备

1）车间或模拟车间。

2）离合器、手动变速器部件。

3）安装各种类型离合器和手动变速器的车辆。

4）个人防护用品、用具。

5）安全的工作环境和工作场所

单元学习任务

任务 1　实施离合器和手动变速器维护与维修的准备
任务 2　实施离合器和手动变速器的维护
任务 3　实施离合器的拆装和检修
任务 4　实施三轴变速器的拆装和检修
任务 5　实施两轴变速器的拆装和检修

单元学习鉴定

1）单元鉴定计划
2）鉴定工具 1：口述或书面问题清单
3）鉴定工具 2：练习和观察清单
4）单元学习鉴定表

任务1　实施离合器和手动变速器维护与维修的准备

单元目标

通过本次学习任务的完成，掌握维护、维修前准备工作的相关知识，形成维修准备工作的能力。具体表现如下：

1）确定工作任务。

2）工作准备。

学习信息

在接到维护、维修离合器或手动变速器任务时，应提前对系统的原有工作状况进行判断，并据此进行相应的工作准备。由于各种车辆的离合器和手动变速器的结构都有所不同，在维修离合器和手动变速器前，必须选择合适的维修手册、工作场所和设备。这是维修的重要基础，为此，完成相应的学习任务。

1. 确定任务方案

在确定任务方案之前，首先应确定以下内容：

1）询问车辆的使用状况。

2）询问使用里程。

3）询问车辆维修状况。

4）检查车辆维修前的状态，并记录。

5）进行维修方案的讨论并确定。

6）组织工作小组，讨论分工，并拟定工作计划。

2. 寻找相关维修信息

1）在开始检修前，找到尽可能多的维修零部件的资料。

2）思考、讨论维修方案。

3. 安全环保措施

1）正确着装：进入工作场所要求着工作服、劳保鞋，不要戴手表、披长发。

2）准备必要的安全防护措施，如耳塞、手套。

3）检查工作场地内是否有安全隐患，并及时排除。例如即将驶过的车辆、被占用的通道、通风不良等。

4）寻找车间灭火器、医疗急救包、洗眼处、安全通道的位置。

4. 准备维修场所

1）预约有足够的工作空间来摆放、移动或翻转离合器和手动变速器。

2）清洁工作台。

3）清洁工作区域，检查地面油污或其他液体。

4）清洁车辆底盘。

5）清洁离合器或手动变速器外壳。

5. 准备拆卸工具和设备

1）整理所需要的工具、设备和设施。

2）准备干净的油盘，以便存放拆卸下来的零件。

3）准备干净的抹布。

6. 准备清洁剂和润滑剂

1）仔细阅读清洁剂的使用步骤，避免与有些密封圈和衬套发生化学反应。

2）准备干净的润滑剂。

7. 准备一些易损零件

根据制定的工作任务方案和维修手册的要求，准备必要的备件。例如油封、密封垫。

完成学习工作页

查询资料，完成工作任务后，填写自测单，交由指导教师签字确认。

完成下列任务

1. 安全环保要求

1）进入生产实训现场时，着装整齐，佩带防护用具正确。

2）生产实训现场中，需要遵守安全规则，注意过往车辆和人群，避免意外伤害。

2. 查询资料

资料名称	资料存放位置	资料保管人

3. 完成任务

完成下列内容：

小组成员	
任务内容及计划	
车型	
离合器类型	

（续）

变速器型号	
状态描述	
任务方案	
清洁剂名称	
润滑剂名称	
工具名称	
密封材料名称	
工作场所清洁	

任务1　自测表

在教师的帮助下找出所有的错误并改正，最后由教师确认

任务要求	回　答
根据状态确定工作方案	是□　否□
能够正确获得相关信息	是□　否□
能够完成工作准备	是□　否□
关键能力	回　答
是否有计划、组织和团队交流合作	是□　否□

学习评价：　合格□　不合格□

学生签字　　教师签字
日　期　　日　期

任务2　实施离合器和手动变速器的维护

学习目标

通过本次学习任务的完成，掌握实施离合器维护的相关知识，具备相应的能力。

拆卸工具

呆扳手、梅花扳手、金属直尺、离合器专用对中工具、制动液。

学习信息

离合器处于正常接合状态时，在分离杠杆内端与分离轴承之间通常留有1～2mm的间隙。这个间隙被称为离合器的自由间隙，其作用是防止从动盘摩擦片磨损变薄后，压盘不能前移而造成离合器打滑。

为了消除离合器自由间隙和机件弹性变形所需的离合器踏板行程，称为离合器踏板的自由行程。如果离合器踏板的自由行程过小，分离轴承可能直接与压盘分离杠杆接触，造成离合器不能完全接合，这将减弱离合器摩擦片的夹紧力，引起离合器打滑。而如果离合器踏板自由行程太大，则可能引起离合器分离不彻底、换挡困难或变速齿轮损坏。

1. 调节离合器踏板的自由行程

离合器踏板的自由行程是离合器间隙在经过操纵机构之后反映在离合器踏板上的自由行程，是使离合器开始分离之前踏板自由移动的空行程。会影响到自由间隙的因素有：踏板高度的调节、主缸推杆的长度、主缸或工作缸中弹性元件的变形、液压管路中是否充满油液。

（1）调节拉索式离合器　机械拉索式离合器大都采用钢索操作机构，在软轴钢皮外套上装有调整螺母，用以调整离合器踏板的自由行程，如图2-1所示。

（2）踏板高度的调节　踏板高度是踏板最高时（与调整限位螺钉相接触时）与地板（有时是防火墙）的距离，如图2-2所示。踏板与离合器主缸推杆相连，如果踏板行程太大，将会造成离合器机构和膜片损坏。有时规定以踏板行程代替踏板高度，即踏板最大高度与踏板踩到最低时的高度差。

（3）机械式自动调节　在近年的许多车型上，拉索是可自动调节的。拉索式离合器操纵机构如图2-3所示，其调整机构在踏板处。在踏板臂轴销上自由套着棘轮，离合器拉索和棘轮相连。只要转动棘轮，就能拉动拉索，使离合器分离。在棘轮上面有一棘爪，它和踏板上臂相连。通常情况下，棘爪总和棘轮相啮合。只要踩下踏板，通过棘爪就能使棘轮转动，使离合器分离。当摩擦片磨损后，膜片弹簧的分离指带动分离轴承向后退，并以相反方向拉动拉索。棘轮可自由地逆时针方向转动，从而起到自动调整的作用，不会使分离指（或杆）和分离轴承之间出现负间隙。

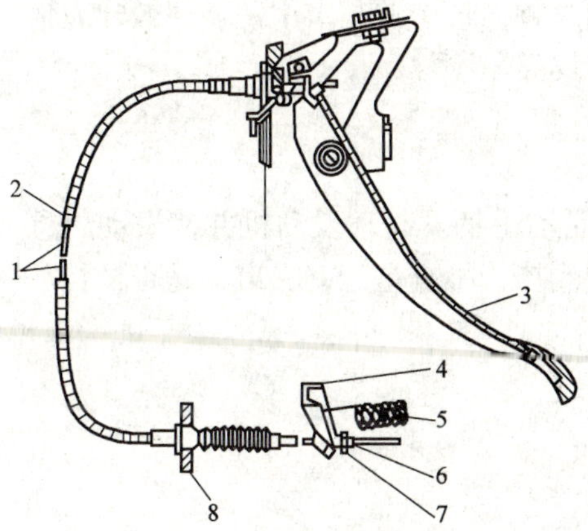

图 2-1　调节拉索式离合器的自由行程

1—内钢索　2—钢皮外索　3—踏板　4—分离杆　5—回位弹簧　6—锁定弹簧　7—调整螺母　8—离合器壳

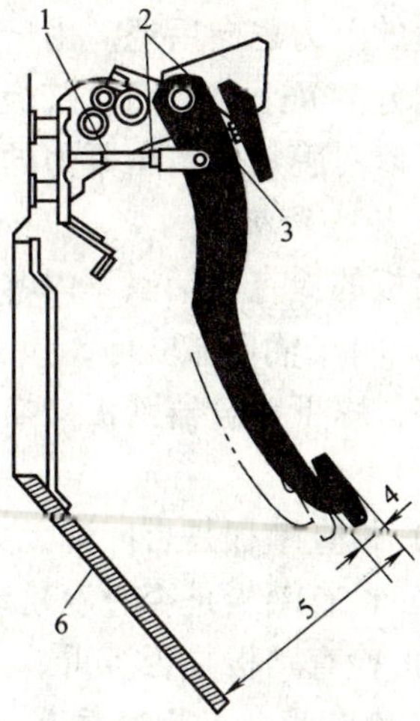

图 2-2　调节踏板高度

1—离合器主缸推杆　2—锁紧螺母　3—限位螺栓　4—踏板自由行程　5—踏板高度　6—地板

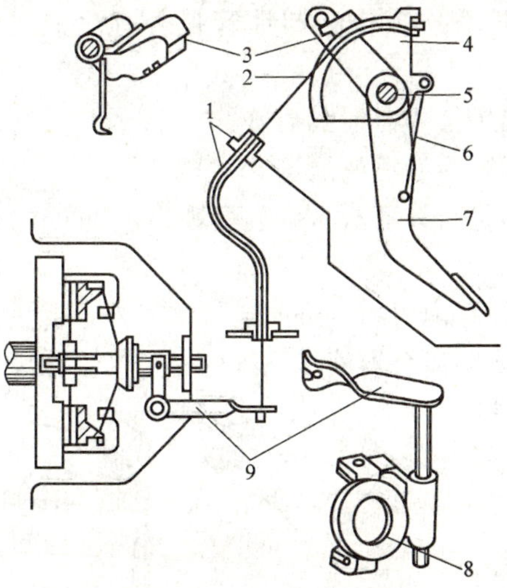

图 2-3　拉索式离合器操纵机构

1—拉索外套　2—拉索　3—棘爪　4—棘轮　5—踏板臂轴销　6—复位弹簧　7—离合器踏板　8—分离轴承　9—分离叉

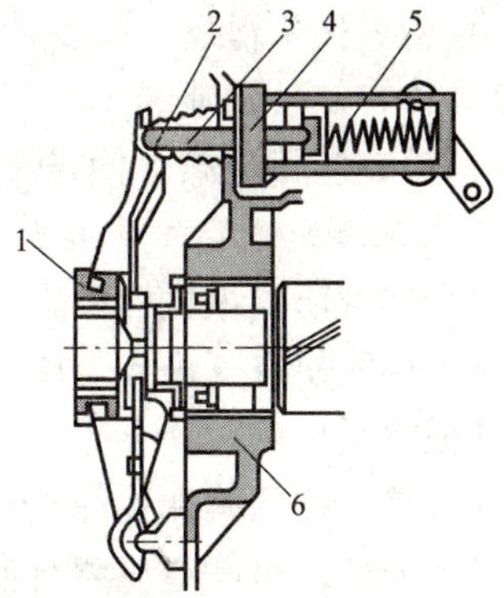

图 2-4　液压式离合器操纵机构

1—分离轴承　2—分离叉　3—工作缸推杆　4—工作缸　5—锥形弹簧　6—离合器壳

（4）液压式自动调节　液压式离合器操纵机构如图2-4所示。离合器接合时，在离合器分泵内锥形弹簧的作用下，通过分泵推杆经分离叉的推动，使分离轴承和膜片弹簧的分离指始终接触而没有间隙。来自主缸的油液进入工作缸后，由活塞推动工作缸推杆使离合器分离。离合器摩擦片磨损后，分离指连同分离轴承一起往后退，同时工作缸推杆带动活塞克服锥形弹簧的阻力也向后退。由于工作缸中的锥形弹簧的弹力始终将分泵推杆抵压在分离叉上，从而使踏板的自由行程保持不变。由于锥形弹簧弹力很小，所以对膜片弹簧压紧力的影响可以忽略不计。

2. 检查踏板

踏板的检查包括以下内容：

1）将车辆可靠驻停，拉起驻车制动手柄。起动发动机并使发动机怠速运转，踩下离合器踏板，换1挡或倒挡，检查是否有噪声、是否换挡平稳。

2）检查踏板是否回弹无力。

3）检查踏板是否过度松动。

4）检查踏板是否沉重。

3. 检查离合器油液质量

放净并清洁液压操纵系统，重新加注正确牌号的离合器油液（制动液）。油液质量状况变差或使用的牌号不正确时，应放净并清洁离合器液压操纵系统并加注正确牌号的油液。当液面高度低于“MIN”时，应及时加注离合器液。

4. 管路检查

1）检查部件泄漏。检查主缸与油管、工作缸与油管是否有泄漏痕迹。

2）检查接头泄漏。检查油管的接头是否有泄漏痕迹。

3）检查储液罐泄漏。检查储液罐是否有泄漏痕迹。

4）检查管路泄漏。检查液压管路是否有弯折、破裂痕迹。

5. 液压系统中空气的排出

离合器液压操纵机构检修之后，管路内可能会进入空气。另外，加注液体时也可能使空气进入液压系统。如果离合器液压系统内有空气，在离合器踏板被踩到底时，会先压缩系统中的空气，然后才压缩弹簧使离合器摩擦片与飞轮分离，可能造成离合器分离不彻底。如果离合器踏板无自由行程、摩擦片磨损或压盘划伤，将会使离合器不能正常接合，但不会影响离合器分离。液压系统中空气的排除方法如下：

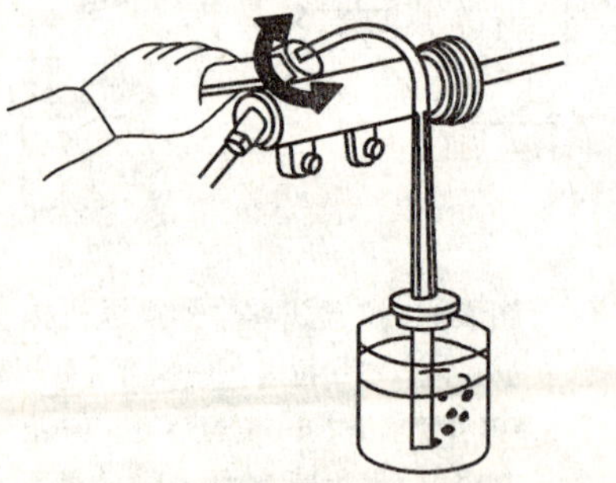

图2-5　离合器工作缸排气

1）支起汽车，将离合器主缸储液罐内的制动液加至规定的高度。

2）将一段软管的一端接在离合器工作缸的通气阀上，另一端接在盛有制动液的容器内（见图2-5）。

3）一人在驾驶室内慢慢地踩下离合器踏板数次，到感到有阻力时踩住离合器踏板不动；另一人拧松离合器工作缸上的通气阀直至制动液流出，之后拧紧通气阀。

4）按上述方法连续操作几次，直至制动液中无气泡为止。

5）将空气排除后，应重新检查调整离合器踏板的自由行程。

完成学习工作页

查询资料，完成工作任务后，填写自测单。

完成下列任务

1. 安全环保要求

1）进入生产实训现场时，着装整齐，佩带防护用具正确。

2）生产实训现场中，需要遵守安全规则，注意过往车辆和人群，避免意外伤害。

2. 查询资料

1）在开始工作前，寻找足够的信息资源、查询资料。

查询资料/信息来源：维修手册□　挂图□　参考书□　教师□

2）对任务进行先期预估，组织分工，拟定工作计划：

小组成员	
所需工具	
拟定任务内容及计划	

3. 完成下列任务

1）观察并记录：

使用工具：

使用设备：

2）实施汽车离合器的维护与调整：

技术参数	单位	状态
离合器踏板自由行程	mm	
离合器踏板高度	mm	
离合器踏板检查		正常□　不正常□
离合器液面高度检查		正常□　不正常□
离合器油液质量检查		正常□　不正常□
离合器工作状态		正常□　不正常□
是否需要排除空气		需要□　不需要□

3）清理工作台和现场，归置工具　　　合格□　不合格□

任务2　自测表

在教师的帮助下找出所有的错误并改正，最后由教师确认	
任务要求	回　答
能够正确获得相关信息，进行工作准备	是□　否□
是否能正确调节离合器的自由行程	是□　否□
是否能正确检查离合器油液	是□　否□
是否能正确检查离合器踏板	是□　否□
是否能正确对液压系统排气	是□　否□
关键能力	回　答
是否有计划、组织和团队交流合作	是□　否□

学习评价：　　合格□　不合格□

学生签字　　　　教师签字

日　期　　　　日　期

任务3　实施离合器的拆装和检修

学习目标

通过本次学习任务的完成，掌握拆装离合器和检修离合器的相关能力。

拆卸工具

呆扳手、梅花扳手、清洗剂、润滑脂、塑料锤、游标卡尺、磁性表座、百分表、塞尺。

学习信息

离合器应保证发动机与传动机构平稳结合和可靠分离，但在使用中离合器各零部件的技术状况将逐渐变坏，为此，在修理时应对各零部件进行仔细的检查、检验和必要的修理。离合器传动机构的检修包括轴承、离合器从动盘、压盘、飞轮和离合器壳体的检查。

1. 离合器的拆装

（1）离合器的拆卸　修理离合器时，应先拆下离合器，然后分解离合器。拆卸时需要注意：

1）在离合器盖与飞轮上做装配记号。

2）对角拧松并拆下压盘与飞轮的固定螺栓，取下压盘总成、离合器从动盘。

3）在离合器盖与压盘之间做对合标记，然后分解。

4）拆下弹簧装配螺栓，将压盘离合器盖分离。

（2）离合器的装配　离合器的装配应按与拆卸时相反的顺序进行，但同时还必须注意以下几点：

1）离合器盖与压盘的对合标记要对齐。

2）各支点和轴承表面以及分离轴承（轴承和套都是钢制的）在组装时应涂以锂基润滑脂。

3）离合器从动盘有减振弹簧保持架的一面应朝向压盘方向安装。

4）安装离合器压盘总成时，需用导向定位器或离合器输入轴进行中心定位，使从动盘与压盘同心，以便于安装输入轴，如图2-6所示。

5）压盘须与飞轮接触，才可紧固螺栓；紧固时应按对角线方向逐次拧紧。

6）应将离合器踏板的自由行程调整到规定值（请察看具体车型的维修手册）。

注意：

在装配离合器前，应在图 2-7 所示的位置涂润滑脂。

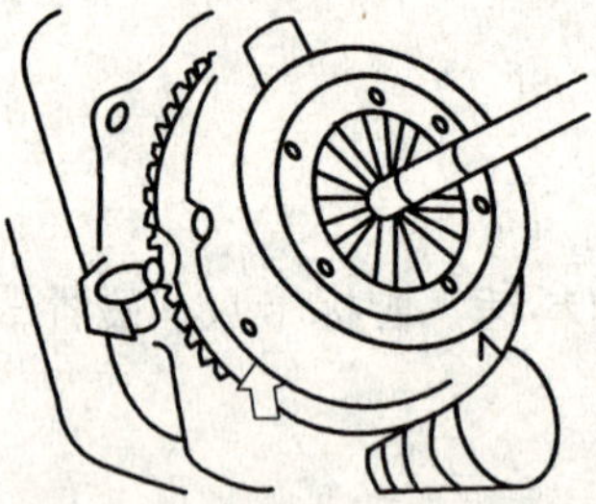

图 2-6　离合器的安装

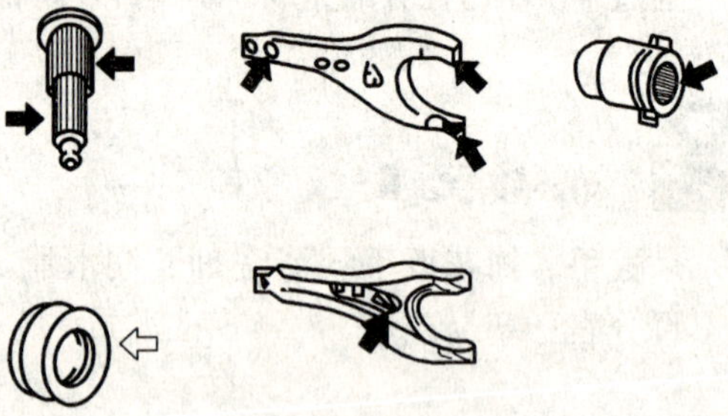

图 2-7　涂润滑脂的位置

2. 检修离合器主缸和工作缸

（1）检修离合器主缸

1）离合器主缸内壁磨损超过规定值、活塞与缸筒间隙超过规定值、皮碗老化或回位弹簧失效时，应更换相应零件。

2）装配前，缸筒应清洗干净，活塞、密封圈、皮碗及缸套等零件应涂抹锂基润滑脂。

3）安装离合器主缸。

（2）检修离合器工作缸

1）检查离合器工作缸各零件的磨损情况，磨损严重的零件应修理或更换。

2）装配离合器工作缸活塞时，应在活塞上涂抹锂基润滑脂。

3）按规定力矩拧紧离合器工作缸的固定螺栓。

4）按规定力矩拧紧软管接头。

5）将离合器工作缸注满制动液，放气并检查有无渗漏现象。

3. 轴承的检修

（1）检修分离轴承　如果离合器踏板的自由行程正常，那么分离轴承不应与压盘分离杠杆相接触，这时即使轴承损坏也不会产生噪声。分离轴承常因保养不当缺油而发响，或自然磨损而松旷，甚至损坏。

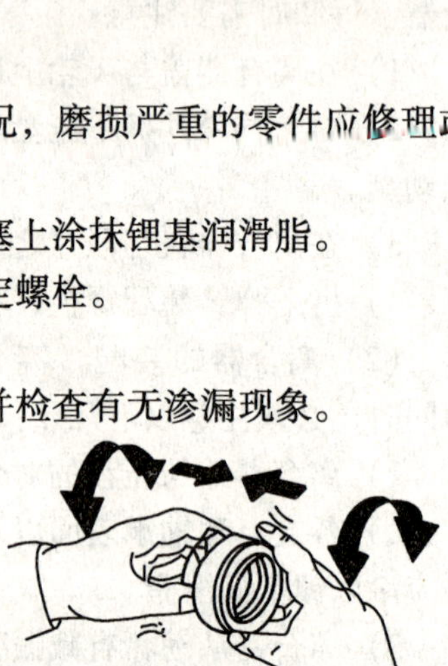

图 2-8　分离轴承的检查

分离轴承应转动灵活，检查方法如图 2-8 所示。将轴承用手压紧，转动轴承内套（如箭头所示），若有阻滞，则为轴承座或滚珠磨损，应予以更换；若转动灵活，但稍有“沙沙”的响声，则为缺油。

注意:

分离轴承缺油时，加油的方法通常有两种：一是用润滑油和润滑脂各50%加温溶解后，将轴承放入油内浸煮（温度不可过高，以免变质），待冷却后，将轴承取出，清除外部油脂；另一种方法是用注油管将轴承接在注油软管上，用黄油枪加注润滑脂。

（2）检修导向轴承　导向轴承多用在三轴变速器的离合器中，对离合器轴进行支撑。一般对它的检查方法是一面用手转动轴承，一面向转动方向施加压力，检查其转动是否灵活，如图2-9所示。若轴承阻滞或松旷、卡住或阻力过大，则应用专用工具拆下修整或更换，如图2-10所示。

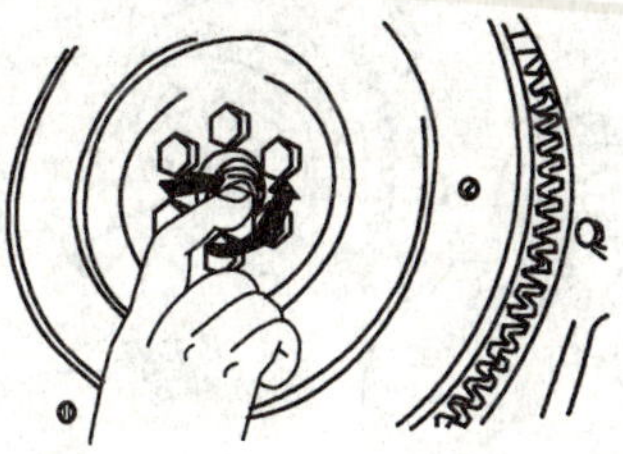

图2-9　检查导向轴承

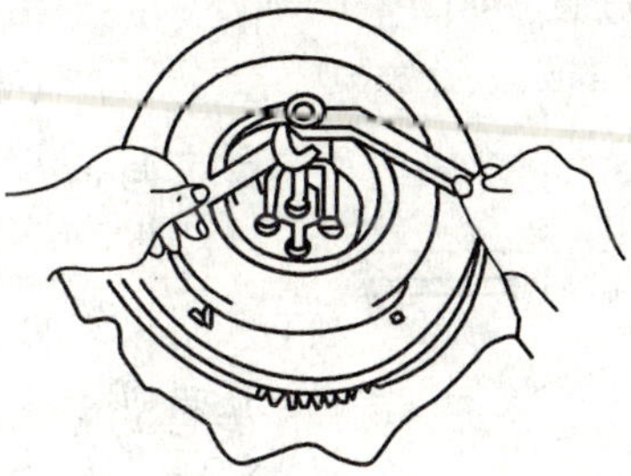

图2-10　拆装导向轴承

注意:

润滑滚珠式导向轴承时应使用润滑脂润滑，润滑衬套式导向轴承时使用润滑油润滑。

4. 检修压盘

提示:

曲轴轴向间隙对离合器有很大的影响。如果曲轴轴向间隙过大，则会使压盘朝向离开离合器分离轴承的方向移动，从而导致离合器不能正常分离。发动机曲轴主轴承松动或磨损，会使润滑油从后主轴承油封处泄漏，使离合器摩擦面油污，导致离合器打滑。如果压盘与飞轮的相对位置不正确，则会引起发动机振动。

（1）检修压盘

1）检测压盘的翘曲变形。离合器盖变形，可将其放在平板上用手按住检查，如有摇动即为变形；将压盘摩擦面扣在平板上，用塞尺在其缝隙处测量，压盘表面不平度不得超过0.10～0.12mm，否则应予以校正或更换。

2）检查压盘的工作表面。压盘表面不能有明显的沟槽，沟槽深度应小于0.30mm。压盘的翘曲或沟槽可用平面磨床磨平或车床车平，加工后的厚度应与标准厚度比不小于1～2mm。磨削后应进行静平衡试验，不平衡量应该符合规定值。

（2）检修膜片弹簧

1）检测膜片弹簧的磨损。如图2-11所示，用游标卡尺检测膜片弹簧磨损的深度和宽度。使用极限通常为深度0.60～0.80mm，宽度5.00mm。

2）检查膜片弹簧的弯曲变形。膜片弹簧因经受长期负荷而疲劳，会造成磨损、弯曲、折断，或弹力减弱而影响动力的传递。检查弹簧，如有弯曲、折断，应更换。将离合器压盘组件、从动盘安装在飞轮上，检查各分离指端弹簧片的高度，各弹簧高度不得相差0.5mm。检修时可进行适当调整，如图2-12所示。

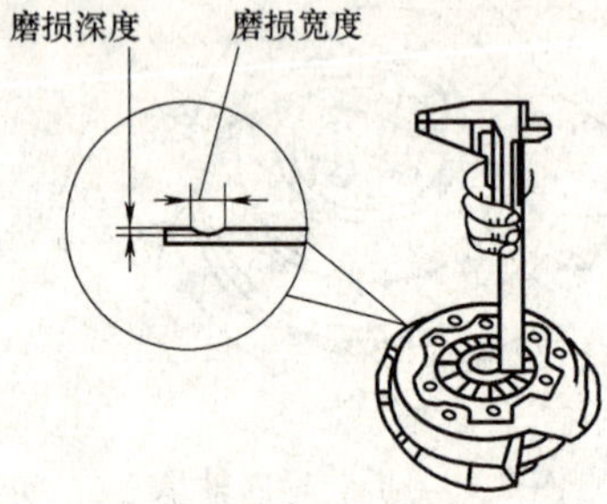

图2-11　检测膜片弹簧的磨损

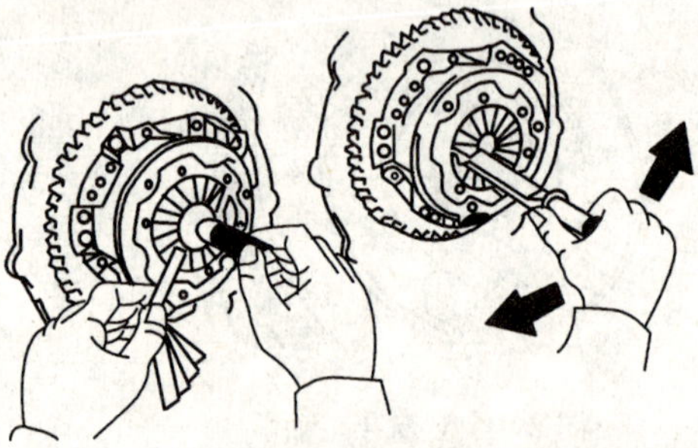
图2-12　检查膜片弹簧的变形

（3）检修螺旋弹簧

1）检测螺旋弹簧的长度。螺旋弹簧弹性下降时，其长度会发生变化，逐个测量螺旋弹簧的长度，应符合规定值。弹簧高度可进行适当调整，如果过低应更换，也可以采取在弹簧座上加垫圈的方式继续使用，但垫片厚度不得超过2mm。应检测弹簧的刚度，在规定压力下弹簧的变形量，不得低于规定值。例如，EQ1090离合器的压盘弹簧自由长度为67mm，与同一组弹簧自由长度之差不得大于2mm。在规定压力（589N）下，压缩长度不得小于43mm。

2）安装调整螺旋弹簧及分离杠杆。将调整好的离合器盖及压盘总成、从动盘总成按飞轮上的定位销孔进行装配，并用螺栓紧固。最后，检查分离杆端面至飞轮表面的距离是否在规定范围内，必要时应重新调整。

5. 检修从动盘

如果离合器摩擦片被磨损得太薄，则压盘中的弹簧会伸长，压力减小，因而压盘的夹紧力将会比摩擦片正常厚度时的小。如果摩擦片的厚度小于极限值，则会导致离合器打滑。

（1）检修从动盘摩擦片的磨损　检查从动盘摩擦片磨损如图2-13所示。用游标卡尺测量铆钉头的深度，检查摩擦片的磨损程度，摩擦片工作面与铆钉头深度小于0.30～0.50mm时应更换。测量时，应测量摩擦片两面的所有铆钉，取其中最小值作为判断摩擦盘状态的依据。如部分铆钉头露出，而摩擦片的厚度适宜，可加深铆钉孔重铆。拆除旧片时，应用比旧铆钉直径小0.40~0.50mm的钻头，钻出铆钉铆头，然后用冲子再轻轻冲下旧铆钉，取下旧片。

如摩擦片表面有轻微烧蚀、硬化，可用锉刀或粗砂布磨光后使用。摩擦片磨损过薄或破裂，应予以更换。可用钢丝刷轻轻刷去从动盘的灰尘和锈迹。

摩擦片的技术状况可以用“目测法”检查。

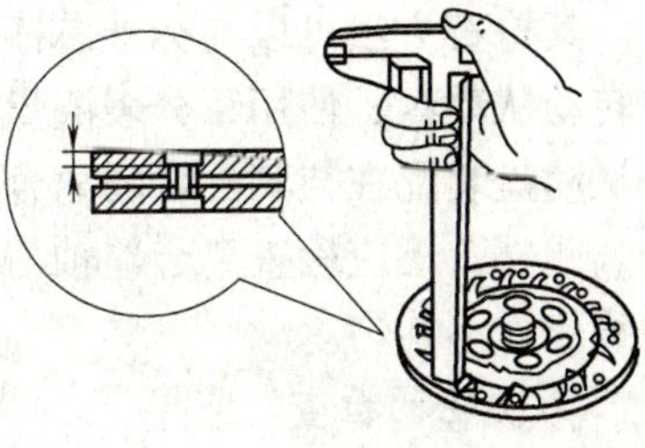

图2-13　检测从动盘摩擦片的磨损

(2) 检查与校正从动盘翘曲　从动盘钢片翘曲变形又称为从动盘圆跳动或偏摆。如果从动盘钢片翘曲，会引起起步时离合器发抖和磨损不均匀，因此对其翘曲变形应进行检查，如图2-14所示。

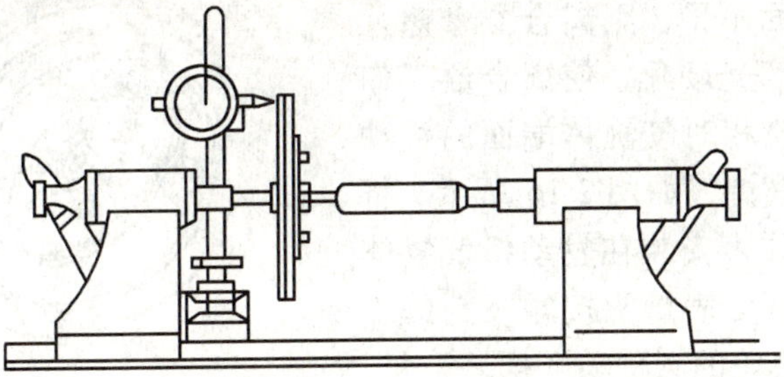

图2-14　检测从动盘的翘曲变形

检测时，可将从动盘安装在检测架上，用百分表在从动盘最外周边缘处测量，圆跳动极限应小于规范值。也可以将从动盘安装于配套的符合要求的压盘上，用塞尺测量从动盘与压盘之间的间隙，应小于0.08~0.10mm。

从动盘圆跳动如果超过极限，可用图2-15所示方法修正，用特制夹具（见图2-15a）进行冷压校正；或放在专用架上用百分表检测，边检测边用特制扳手予以校正（见图2-15b）。从动盘钢片与接合盘的铆钉可用锤子敲击检查，如有松动和断裂，应予以更换或重铆。

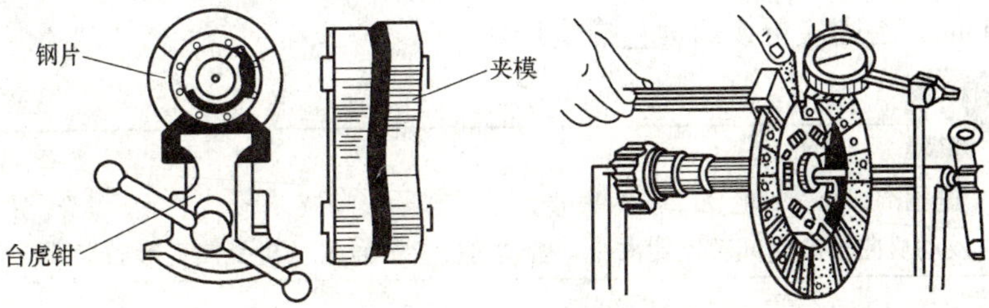

a)　　b)

图2-15　校正从动盘

a）夹模校正　b）扳手校正

（3）检查从动盘花键毂　从动盘花键磨损会妨碍离合器摩擦片均匀自由地滑动。如果花键过度磨损或损坏，将会导致离合器结合时粗暴（不平稳）。离合器摩擦片翘曲或扭转弹簧弹力不足，也将引起离合器结合粗暴。

其检查方法可以与标准芯棒配合，用专用夹具将芯棒固定，沿圆周方向转动从动盘，使用百分表测量花键的周向间隙。使用经验法检查时，应将从动盘装配在与其配合的离合器轴上，用手转动从动盘，应无较大的松动。此外，还应检查离合器轴与导向轴承相配合的轴颈是否光滑，否则会导致受力不均匀。

6. 飞轮的检查

1）检查飞轮，包括检查飞轮齿圈和双质量飞轮减振器，并根据情况进行修理或更换。

2）飞轮具有平整的接触面，才能保证与新离合器摩擦片的正常结合。如果飞轮表面不平，则离合器摩擦片很可能会被磨光硬化，使离合器工作时发抖。飞轮相对气缸体端面的跳动称为飞轮的摆差，如图 2-16 所示。将带磁座的百分表安装在发动机气缸体的后面，用百分表量头接触飞轮的工作面，检查飞轮的圆跳动（摆差）量，极限值为 0.10mm。严重超差的飞轮后表面可以通过机加工的方法修复，但是修理切削量不能过大，否则会使离合器压盘向前移动而离开分离轴承，使离合器踏板的自由行程加大，从而可能使离合器工作缸推杆的移动量不能足以使离合器分离。但如果不对飞轮进行修理，也不换用新飞轮，则可能导致新离合器总成的其余部件损坏或过早地磨损。

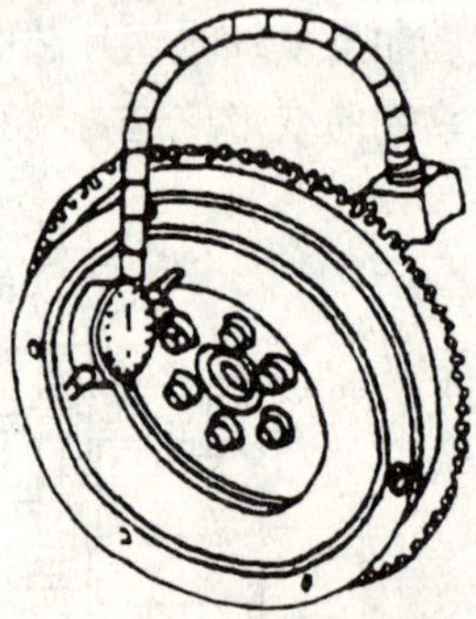

图 2-16　飞轮摆差的检查

3）测量曲轴轴向间隙，应将百分表抵在飞轮上。向前推动飞轮直到推不动为止，将百分表指针调至 0 位，然后朝向发动机后面方向拉动飞轮。此时百分表的读数就是曲轴的轴向间隙。轴向间隙不得超过 0.20mm，否则应更换曲轴止推垫片。

提示：

发动机曲轴轴向间隙不能太小，否则可能会导致发动机受热变形后卡死。

7. 壳体类零件的检修

壳体类零件的检修主要包括发动机气缸体、离合器延伸壳、离合器壳结合面和对正销的检修。

如果离合器延伸壳与发动机气缸体之间由于进入异物、有毛刺、接合面不平整，或由于对正销磨损、离合器螺栓松动而没有完全对正，会影响离合器轴与飞轮的相对位置，可能造成从动盘不能与飞轮均匀接触。这将会使离合器结合时发抖和冲击。

1）压盘弹簧强弱不均匀或固定螺栓松动会使离合器盖变形或产生裂痕等。

2）拆卸或安装离合器时，如果因不小心导致离合器摩擦片翘曲或离合器轴弯曲，则会使离合器延伸壳与发动机气缸体产生对不正的问题。如果离合器安装时对不正，则会导致滑动式或滚动式导向轴承过早磨损。

8. 动力装置支座的检修

动力装置支座的检修检查发动机和变速器支座是否有断裂、下弯、浸油或损坏。如果支座有任何损坏情况，都会导致离合器抖动或分离不彻底。对后轮驱动汽车，发动机或离合器支座损坏可能导致传动轴角度不正确，从而引起汽车加速和减速时不同程度的振动。

提示：

对于装有手动变速器的车辆，机械式离合器操纵传动机构往往与汽车车架或发动机气缸体相连。如果汽车发动机支座断裂，则汽车加速时发动机将会跳离汽车车架，从而使离合器操纵机构移动并给分离叉施加一定压力，推动分离轴承压向离合器压盘，造成离合器摩擦片在飞轮和压盘之间打滑。因此，不能忽略了对动力支座的检查。

完成学习工作页

查询资料，完成工作任务后，填写自测单，交由指导教师签字确认。

完成下列任务

1. 安全环保要求

1）进入生产实训现场时，着装整齐，佩带防护用具正确。

2）生产实训现场中，需要遵守安全规则，注意过往车辆和人群，避免意外伤害。

2. 查询资料

1）在开始工作前，寻找足够的信息资源、查询资料。

查询资料/信息来源：维修手册☐　挂图☐　参考书☐　教师☐

2）对任务进行先期预估，组织分工，拟定工作计划。

小组成员	
所需工具和量具	
拟定任务内容及计划	

3. 完成任务

1）观察并记录。

使用工具和量具：

、

使用设备：

2）实施拆装、调整离合器系统。

项　　目	状　　态	
是否正确拆卸离合器分离叉和回位弹簧	是□	否□
是否正确拆卸飞轮的联接螺钉	是□	否□
是否检查或标记离合器盖和飞轮的位置	是□	否□
分离杠杆的滚针轴承是否涂抹了润滑脂	是□	否□
分离杠杆与支架结合处是否涂抹了润滑脂	是□	否□
分离叉与分离叉的支点处是否涂抹了润滑脂	是□	否□
分离叉与分离轴承结合处是否涂抹了润滑脂	是□	否□
分离轴承表面是否涂抹了润滑脂	是□	否□
导向轴承是否进行了润滑	是□	否□
是否正确检查从动盘毂与离合器轴的配合间隙	是□	否□
是否正确调整分离杠杆内端的高度一致	是□	否□
是否正确安装导向轴承	是□	否□
是否正确安装离合器从动盘	是□	否□
是否正确安装分离叉和离合器工作缸	是□	否□
是否正确安装离合器主缸及油管	是□	否□
是否完成其他液压传动操纵机构的安装	是□	否□
是否正确加注制动液	是□	否□
是否正确进行离合器的排气	是□	否□
是否正确检查和调整离合器踏板的高度	是□	否□
是否检查离合器的自由行程	是□	否□

3）检测离合器，完成下列工作任务表。

要求：在分解离合器之后，进行离合器的零件清洗和检查。将零件分为三类：可用件、待修件和更换件。按照检查结果，确定装配方案，装复并调整离合器总成。

项　目	检测方法及实测值	维修方案
制动液储液罐液面高度是否正常		可用□　待修□　更换□
离合器油压管路是否有油污、破损、老化		可用□　待修□　更换□
离合器主缸		可用□　待修□　更换□
离合器工作缸		可用□　待修□　更换□
从动盘的磨损		可用□　待修□　更换□
离合器扭转减振弹簧		可用□　待修□　更换□
从动盘花键毂		可用□　待修□　更换□
压盘表面		可用□　待修□　更换□
压盘平面翘曲度		可用□　待修□　更换□
膜片弹簧的磨损		可用□　待修□　更换□
膜片弹簧分离指端高度差		可用□　待修□　更换□
压紧弹簧的自由长度（螺旋弹簧）		可用□　待修□　更换□
压紧弹簧的弹力（螺旋弹簧）		可用□　待修□　更换□
飞轮的摆振		可用□　待修□　更换□
飞轮的轴向间隙		可用□　待修□　更换□
分离轴承		可用□　待修□　更换□
导向轴承		可用□　待修□　更换□

问答下列问题

1. 检查飞轮跳动时，应当先检查哪一个项目？________。

A. 飞轮齿圈　　B. 曲轴轴向间隙

C. 导向滑动轴承　D. 离合器踏板自由行程

2. 从铆钉头到离合器摩擦片表面的距离应不少于：________。

A. 0.1mm　　B. 0.2mm　　C. 0.3mm　　D. 0.6mm

3. 当讨论液压离合器传动装置的主要部件时，甲说用于汽车制动器的主缸也用于离合器。乙说工作缸与离合器踏板相连并在踩下离合器踏板时增加液压力。谁的说法对？________。

A. 甲对　　B. 乙对　　C. 甲和乙都对　　D. 甲和乙都不对

4. 拆装膜片弹簧离合器时应注意什么？

任务3　自测表

在教师的帮助下找出所有的错误并改正，最后请教师确认

任务要求	回　答
能够正确获得相关信息，进行工作准备	是□　　否□
是否能正确拆装离合器系统	是□　　否□
是否能正确检测离合器部件	是□　　否□
关键能力	回　答
是否有计划、组织和团队交流合作	是□　　否□

学习评价：　　合格□　　不合格□

学生签字　　教师签字

日　期　　日　期

任务4　实施三轴变速器的拆装和检修

学习目标

通过本次学习任务的完成，掌握变速器的维护和三轴手动变速器拆装、检修的知识，形成相关的能力。具体表现如下：

1）实施变速器的维护。

2）实施三轴变速器的拆装。

3）实施三轴变速器的检测。

拆卸工具

呆扳手、梅花扳手、清洗剂、润滑脂、塑料锤、游标卡尺、塞尺、压机或专用工具、顶拔器、销冲、纯铜棒、木块、磁力表座和百分表、接油盘、干净的棉纱。

学习信息

下面以长安、东风小康、松花江、五菱这一类的微型汽车所配置的变速器为例，说明三轴变速器装配、复位、调整的主要程序。这类变速器分为4速和5速两种类型，都采用三轴式传动结构。

1. 维护变速器

维护变速器的主要程序如下：

1）清洁车辆外部和变速器壳体，检查是否有漏油痕迹。

2）检查主传动轴护套是否有渗漏及损坏。

3）检查变速器液面高度。通常以低于变速器油加注口内侧下沿5～10mm为正常。

4）检查变速器油液的质量。

5）检查通气塞是否正常。如果通气塞堵塞，会造成变速箱内压力过高，油液变质乳化。

6）检查倒车灯工作是否正常。

7）检查仪表盘里程转速表是否正常。

2. 分解变速器

（1）拆卸前的准备工作

1）用三角块牢固地抵住汽车前轮，用千斤顶顶起汽车后端，或使汽车驶上维修地沟。

2）用扳手卸下变速器的放油螺塞，放出变速器内的齿轮油。

3）拆下蓄电池的电源线。

（2）拆卸变速器

1）从驱动桥凸缘盘处拆开传动轴，再从变速器输出轴端卸下变速器总成。

2）从变速器延伸箱上卸下里程表软轴。

3）从变速器的箱体上拆下倒车灯接插件。

4）从延伸箱的转臂处拆卸换挡控制杆和变速杆的接头，使换挡控制杆脱离变速杆。

5）从离合器转臂处拆下离合器拉索。

6）从变速器上拆下起动机，卸下离合器挡板。

7）用千斤顶支撑发动机并托住变速器底部。

8）拆下将变速器紧固在发动机上的双头螺栓的螺母，卸下变速器各部位的安装螺栓，卸下变速器。

（3）分解变速器箱体　三轴变速器箱体组件的分解如图 2-17 所示。按图中序号顺序进行分解。注意观察各部件的装配关系，以便修复后做到正确安装。

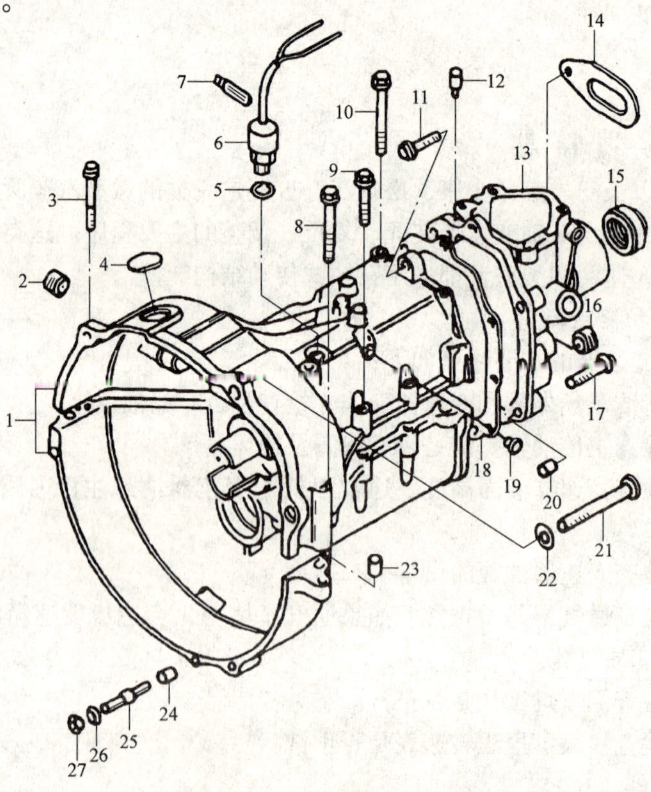

图 2-17　三轴变速器箱体组件的分解

1—变速器壳体　2、16—螺塞　3、8、9、10、11、17、25—螺栓　4—箱体罩孔
5—O 形密封圈　6—倒车灯开关　7—管夹　12—通气管　13—延伸箱组件
14—起重环　15—输出轴密封圈总成　18—密封垫　19—孔罩
20、23—圆柱销　21—起动机安装螺栓　22、26—垫圈
24—定位销　27—螺母

（4）分解变速器传动轴　变速器传动部件的分解如图2-18所示。按图中序号顺序进行分解，拆卸各挡圈、定位销，不得损伤齿轮轴、轮齿及同步器零件。

注意：

1）拆卸传动轴时若需使用压力设备，需要特别注意，一定要保证工件安全紧固在夹具中。

2）不能直接用锤子直接敲击齿轮或其他零件，防止变形，可以使用纯铜棒或垫木块。

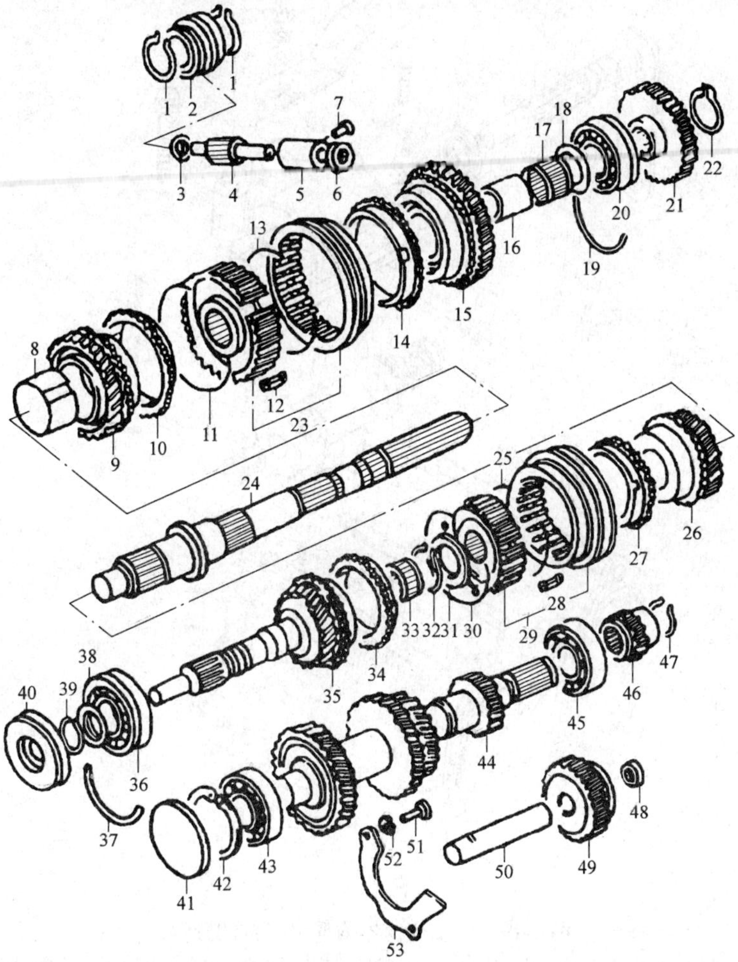

图2-18　三轴变速器传动部件的分解
1、22、32、39、42、47—挡圈　2—里程表主动齿轮　3、52—垫圈　4—里程表从动齿轮　5、43—轴套　6—密封圈　7—螺钉　8—2挡轴套　9—2挡齿轮　10、14—低速同步器锁环　11、13—低速同步器滑块弹簧　12、28—滑块　15—1挡齿轮　16—1挡轴套　17、33—滚针轴承　18—止推垫片　19、37—输入轴轴承止推环　20、45—轴承　21—倒挡第二轴齿轮　23—低速同步器组件　24—输出轴　25—高速同步器滑块弹簧　26—3挡传动齿轮　27、34—高速同步器锁环　29—高速同步器组件　30—高速同步器滑块弹簧　31—3挡齿轮垫圈　35—输入轴齿轮　36—向心球轴承　38—输入轴轴承垫圈　40—输入轴密封圈总成　41—中间轴密封盖总成　44—中间齿轮轴组件　46—倒挡齿轮中间轴齿轮　48—倒挡齿轮轴挡圈　49—倒挡空转齿轮总成　50—倒挡齿轮轴　51—螺栓　53—倒挡轴止动板

（5）分解变速器内操纵机构　三轴变速器内操纵机构的分解如图 2-19 所示。按图中序号顺序进行分解。

注意：

分解时应注意换挡拨叉、各锁止销的拆卸，避免其发生变形，拆下的 O 形密封圈应更换，不宜重复使用。

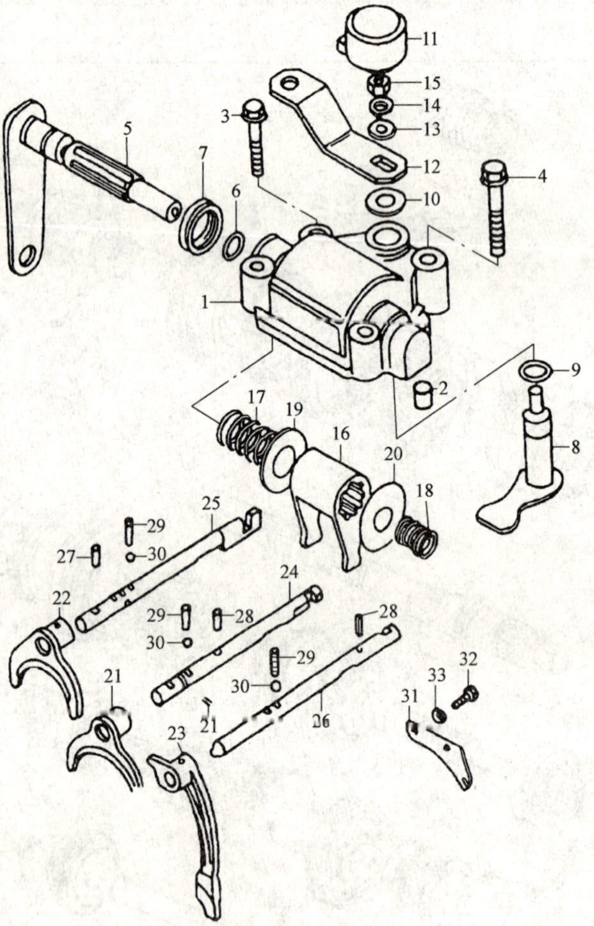

图 2-19　三轴变速器内操纵机构的分解

1—换挡箱体　2—圆柱销　3、4、32—螺栓　5—换挡导轴总成　6、9—O 形密封圈　7—换挡导轴防尘罩　8—选挡轴总成　10、13、14、33—垫圈　11—选挡轴防尘罩　12—换位摇臂　15—螺母　16—换挡摇臂　17—换挡杆第一弹簧　18—换挡杆第二弹簧　19—导轴大垫圈　20—导轴小垫圈　21—1/2 挡拨叉总成　22—3/4 挡换挡叉总成　23—倒挡换挡拨叉　24—2 挡换挡拨叉轴　25—3/4 挡换挡拨叉轴　26—倒挡拨叉轴　27、28—拨叉轴弹簧销　29—自锁弹簧　30—自锁钢球　31—限位板

（6）分解变速器外操纵机构　变速器换挡机构分为换挡杆组件和传动机构两部分。其分解分别如图2-20、图2-21所示。

注意：

分解时应注意各杆件的拆卸，避免杆件发生变形，使装配困难。

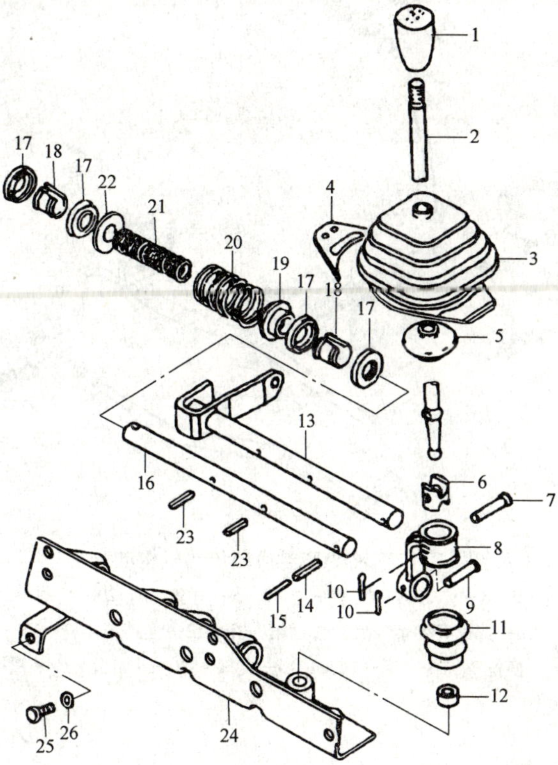

图2-20　三轴变速器换挡杆组件的分解

1—操纵手柄　2—操纵杆　3、5、11、17—防尘罩　4—夹板　6—操纵杆座　7、9—销
8—叉轭　10—开口销　12、18—衬套　13、16—轴　14、15、23—弹簧销
19—回位弹簧座　20—倒挡锁止弹簧　21—选挡回位弹簧　22—垫圈
24—导向器　25—螺栓　26—锁紧垫圈

3. 检修变速器齿轮

变速器齿轮的检修按下述步骤进行：

（1）检修倒挡齿轮和空转齿轮　检查倒挡齿轮和空转齿轮的轮齿有无削边，如图2-22所示。若齿轮削边磨损严重或有其他损伤，应更换齿轮。

（2）检修中间轴齿轮组　检查中间轴齿轮组件的齿轮有无断齿、齿面削落、磨损严重等缺陷，如图2-23所示。若存在上述缺陷，应更换中间轴齿轮组件。用手转动轴承外环，查看转动是否灵活、是否有发卡或发响等异常现象。若有，应更换轴承。

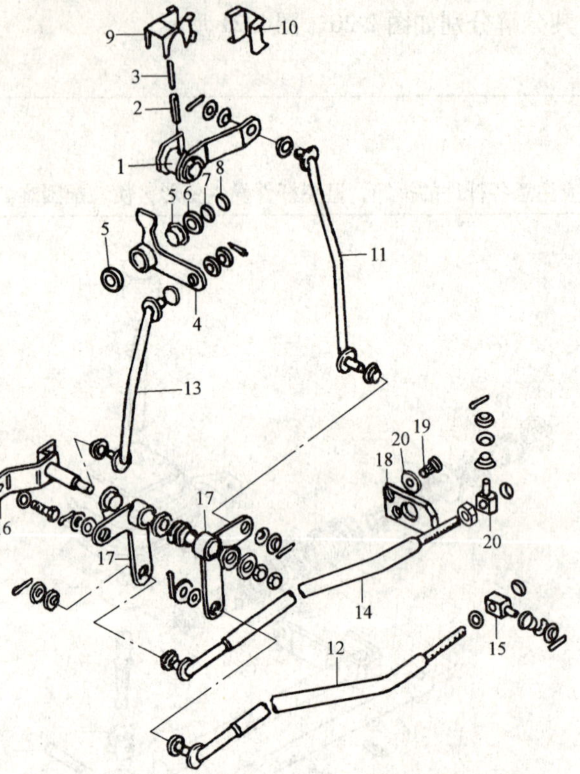

图 2-21　三轴变速器换挡传动机构的分解

1—换挡摇臂　2、3—弹簧销　4、17—摇臂　5—衬套　6、20—垫圈　7—锁紧垫圈　8—螺母　9、10—选速臂弹簧　11—换挡第一杆　12—换挡第二杆　13—换位第一杆　14—换位第二杆　15—接头　16—支架　18—导向板　19—螺栓

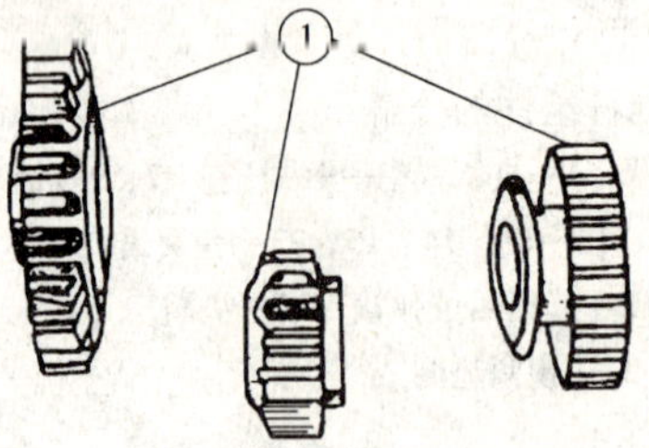

图 2-22　检查倒挡齿轮和空转齿轮

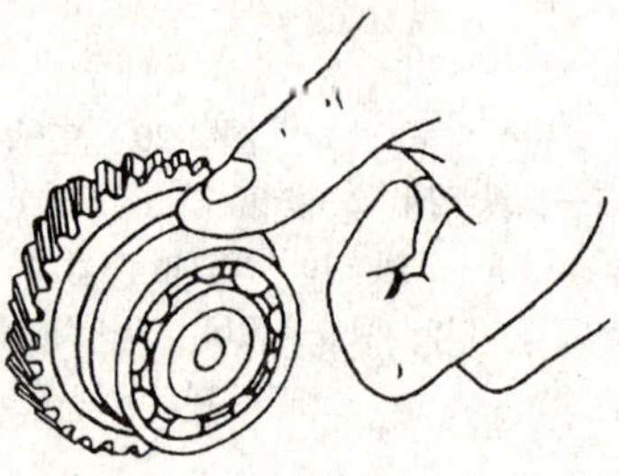

图 2-23　检查中间轴齿轮组

(3) 检修变速器输入轴齿轮　变速器输入轴齿轮的检查如图 2-24 所示。检查输入轴锥部和齿环有无磨损或损坏，检查齿轮轮齿和花键有无磨损和损坏。若发生上述损坏，应更换输入轴。

4. 检修变速器同步器

1）检查同步器环。用卡尺检查同步器环每个槽的宽度，如图 2-25 所示。若同步器环槽的磨损超过限值，应更换同步器环。

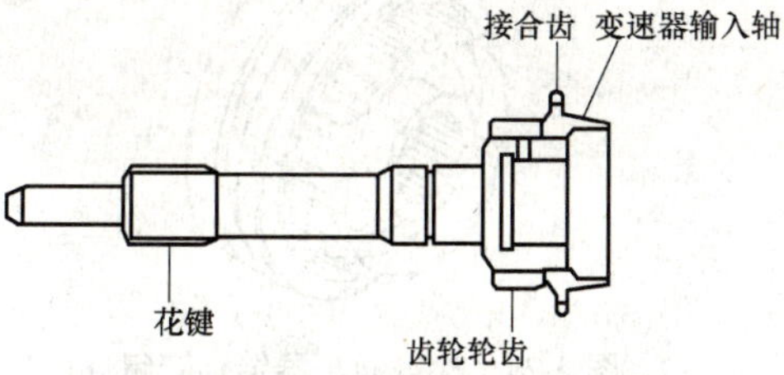

图 2-24　检查变速器输入轴齿轮

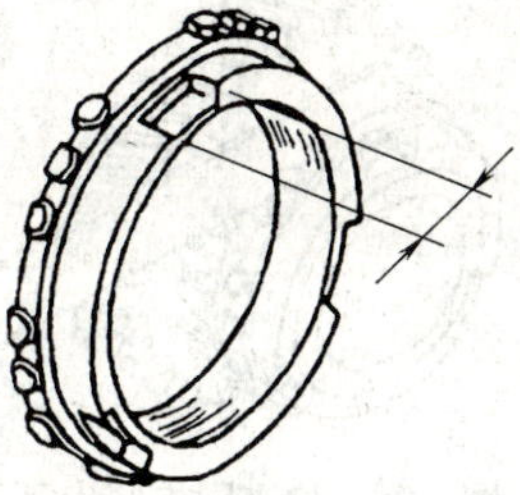

图 2-25　检查同步器环槽

2）检修同步环摩擦面。检查接合齿的外锥面和同步环的内锥面有无异常磨损，表面是否光洁，如图 2-26 所示。若内表面磨损严重、表面不光滑或表面非完全接触，应更换其组件。

3）检修同步器齿环与花键毂接触表面。如图 2-27 所示，在齿环和花键毂的配合锥面上涂上红丹油，使同步器齿圈的 3 个槽对准同步器总成中的 3 个滑块，将其装入同步器总成中；一手握住外齿圈，一手轻轻拨动同步器齿圈，使滑块与槽的一面贴紧，检查其接触情况。两花键齿端削边的重叠部分应不少于削边全长的 1/3；否则，应更换同步器总成。

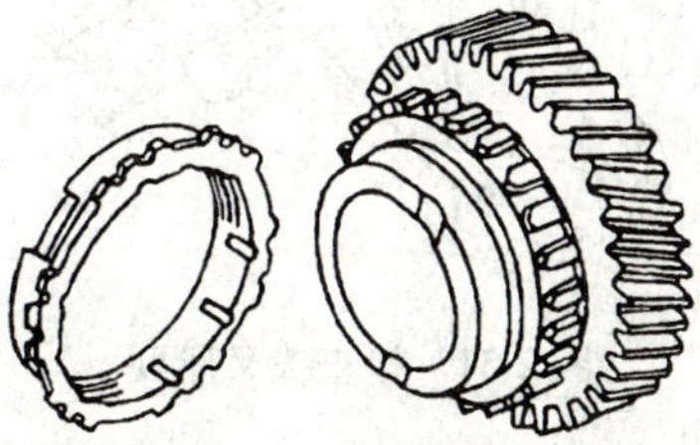

图 2-26　检查同步器环摩擦面

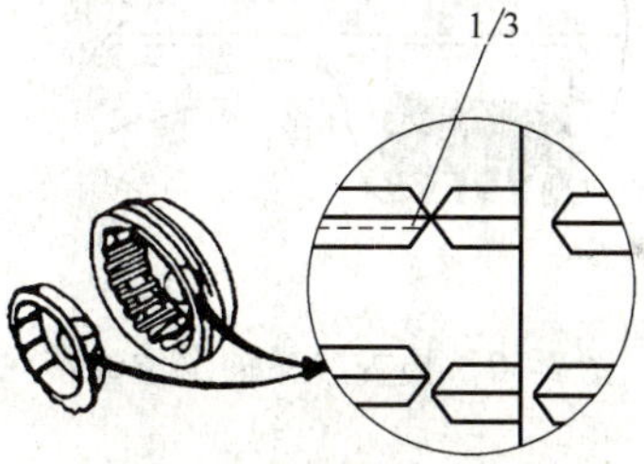

2-27　检查同步器齿环与接合套接触面

4）检查同步器齿环与接合齿端面间隙。用手将同步器的齿环压向各自接合齿轮的锥面上，用塞尺测量其结合处的间隙，如图 2-28 所示。参数标准值随车型的不同而不同，随各个挡位的不同而不同。通常的磨损极限为 0.50mm。若测得其间隙超过规定值，应更换同步环。

注意：

倒挡没有同步环。

5）检修同步器花键毂与结合套。如图 2-29 所示，检查同步器花键毂与结合套是否磨损，轮齿是否断裂、损伤，配合径向间隙是否过大。如存在上述情况，应更换同步器花键毂和结合套。

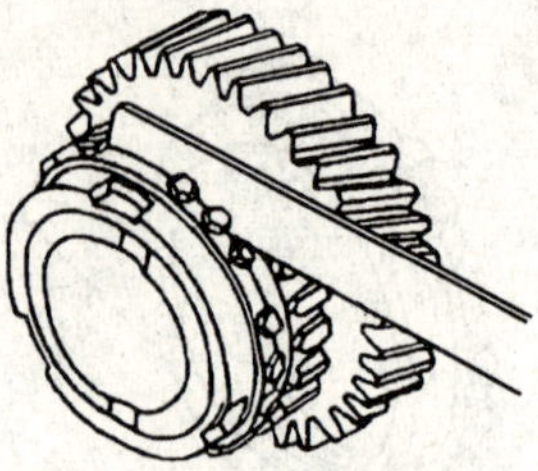

图2-28　检查同步器齿环与接合齿端面间隙

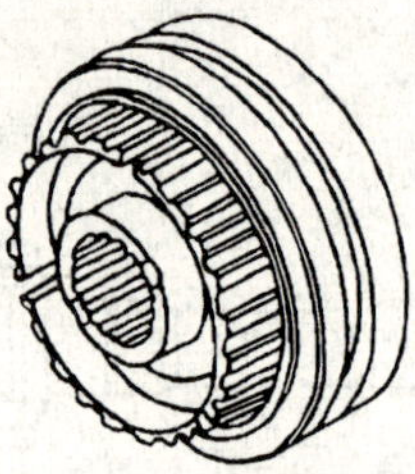

图2-29　检查同步器结合套组件

5. 检修变速器拨叉

1）检修拨叉轴定位弹簧。拨叉轴定位弹簧对3个换挡拨叉轴起限位作用。工作时，若弹簧发生脱落，说明弹簧弹力不足，应检查弹簧的自由长度（见图2-30）。若弹簧自由长度超过使用限度，应更换自由弹簧。

2）检查拨叉厚度。如图2-31所示，用游标卡尺测量拨叉的厚度。其值不得小于规定值，否则，应更换拨叉。

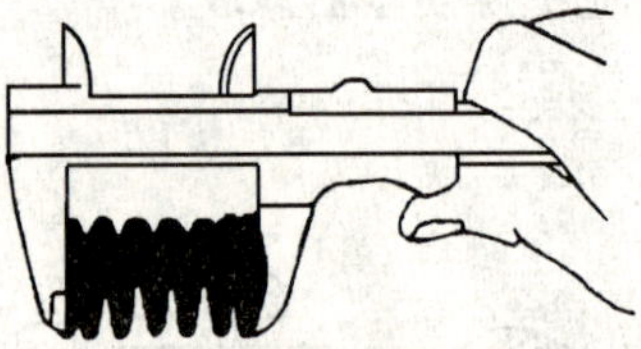

图2-30　检查拨叉轴定位弹簧

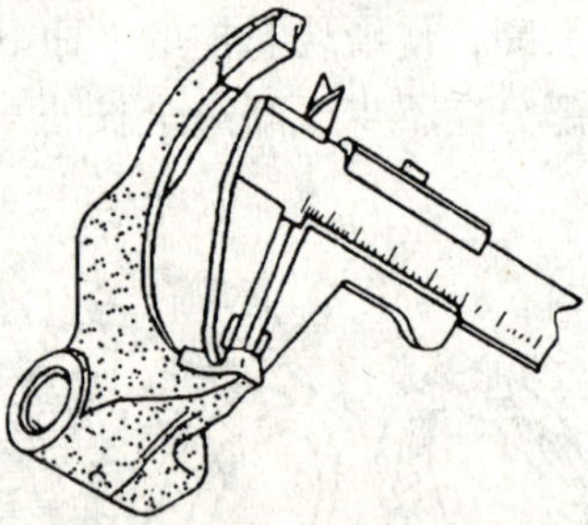

图2-31　检查拨叉厚度

3）拨叉与结合套的间隙可用塞尺检查拨叉与结合套的配合间隙的方法来检查。若测得拨叉与结合套的配合间隙超过使用限度，应检查拨叉和结合套的尺寸，并酌情更换。

6. 安装变速器的同步器

安装变速器同步器时应注意以下事项：

1）安装同步器花键毂时，如图2-32所示，注意确认两个同步器花键毂的安装位置和安装方向。

2）安装同步器结合套时，如图2-33所示，应正确安装方向，再将滑块装入花键毂的3个滑槽内。

3）安装同步器滑块挡簧如图2-34所示，在确保同步器花键毂、结合套和滑块装合正确的情况下，将挡簧装入花键毂内，同时要保证挡簧的正确安装方向。

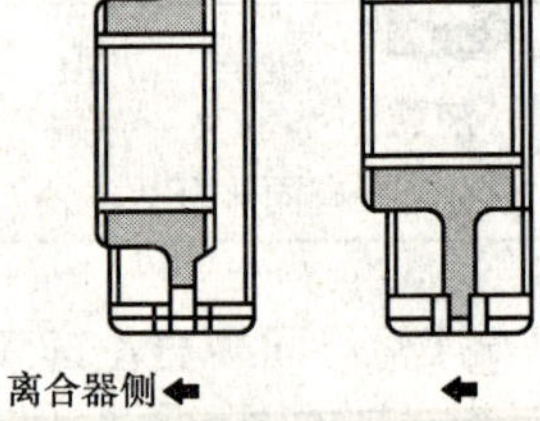

图2-32　安装同步器花键毂

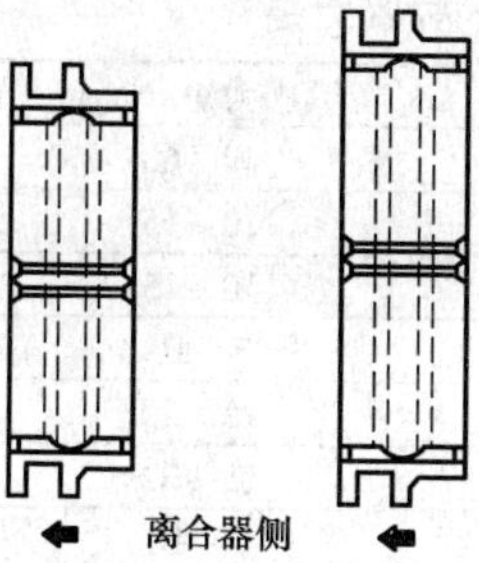

图 2-33 安装同步器结合套

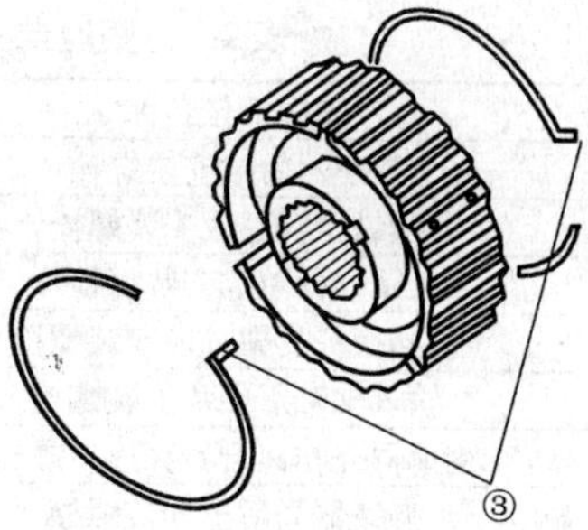

图 2-34 安装同步器滑块

7. 安装变速器的换挡叉轴

变速器换挡叉轴的安装：

1）安装换挡叉轴自锁装置，如图 2-35 所示。将换挡叉轴的自锁弹簧装入箱体内，然后依次将自锁钢球、叉轴安装到箱体孔中。先安装高速轴，再安装低速轴，最后安装倒挡轴。

2）安装换挡叉轴互锁装置，如图 2-36 所示。将变速器的换挡叉轴的互锁钢球和互锁销从倒挡叉轴旁的变速箱孔内插入。

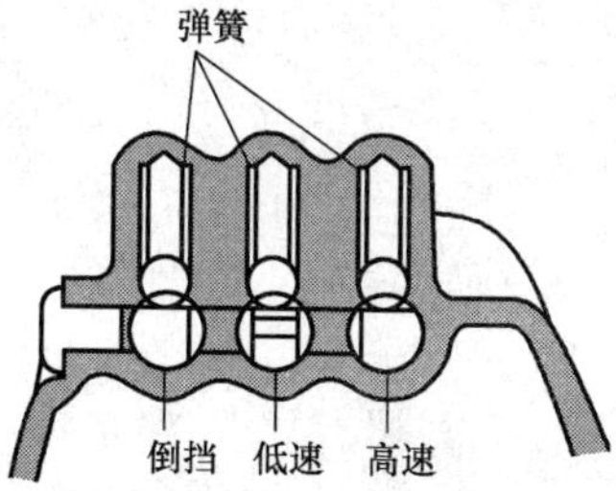

图 2-35 安装换挡叉轴自锁装置

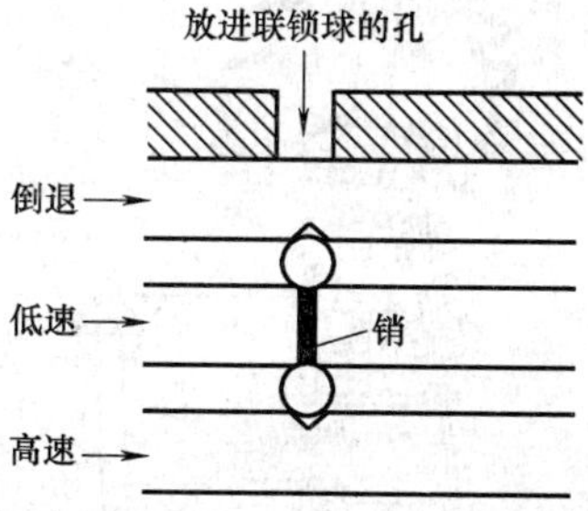

图 2-36 安装换挡叉轴互锁装置

8. 润滑和力矩要求

（1）润滑要求 变速器安装时需润滑的部位见表 2-1。

表 2-1 变速器安装时需润滑的部位

涂抹润滑油		涂抹润滑脂	
变速齿轮	对衬套或轴的滑动部分	离合器分离轴	衬套的滑动部分
轴承	钢球	离合器分离叉	臂尖的滑动部分
换挡拨叉轴	对壳体孔的滑动部分	离合器分离轴承轴承座	内槽
换挡臂轴	对壳体孔的滑动部分	输入轴油封	唇槽部
油封	全部	后延伸机体油封	唇槽部
		速度表传动齿轮油封	唇槽部

（2）安装力矩要求 变速器主要螺栓、螺母的拧紧力矩见表 2-2。

表 2-2　变速器主要螺栓、螺母的拧紧力矩

紧固部位名称	紧固力矩/N·m
变速器总成安装螺栓	49～68
操纵拉杆总成安装螺栓	10～15
延伸杆总成安装螺栓	10～15
换挡摆杆支架总成安装螺栓	7～10
输入轴轴承锁片安装螺栓	15～22
变速器壳与离合器壳连接螺栓	15～22
变速器壳后盖安装螺栓	7～10
输入轴后端锁紧螺母	98～138
输出轴后端锁紧螺母	98～138

9. 安装变速器的操纵杆

安装变速器的操纵杆如图 2-37 所示。

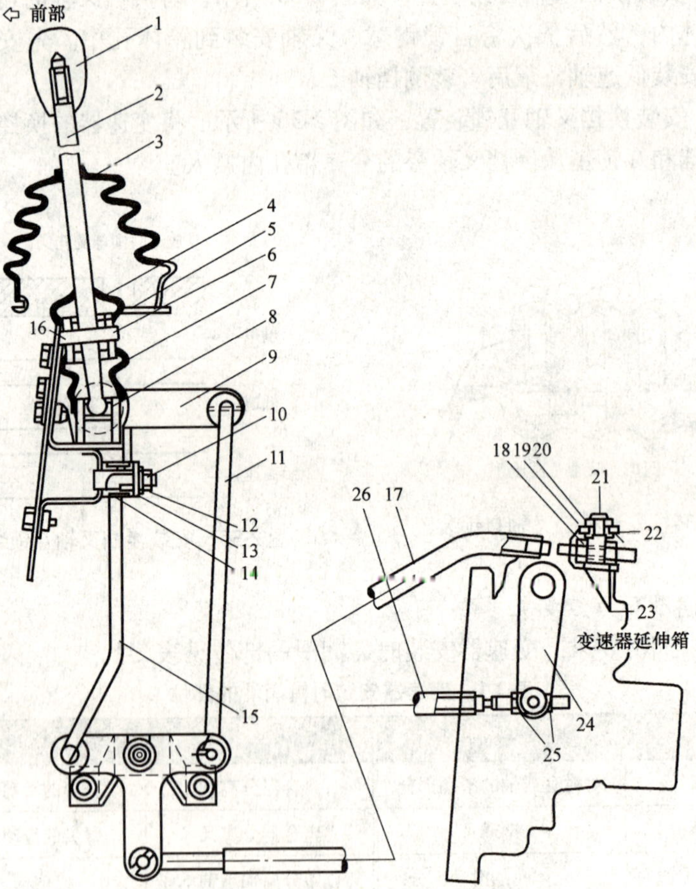

图 2-37　安装变速器的操纵杆

1—换挡控制手柄　2—换挡控制杆　3、4、7—防尘罩　5—控制杆座　6—销　8、14、19—衬套　9—换挡第一摇臂　10、23、25—螺母　11—换挡第一拉杆　12、13—垫圈　15—换位第一拉杆　16、21—锁销　17—换位第二拉杆　18—换位杆接头　20—波纹垫圈　22—换位摇臂　24—换挡摇臂　26—换挡第二拉杆

10. 变速器的调整

变速器和换挡机构装配完毕后，若换挡不到位，应检查调整各变速杆和换位杆的位置，如图 2-38 所示。

1）使换挡选择摇臂和换挡摇臂处于中间位置。

2）拧松调整螺母，使各螺母离开接头约 10mm。

3）扳动操纵控制杆，使控制杆前倾约 5°。

4）保持操纵控制杆、变速杆、换位杆位置不变，拧紧调整螺母。

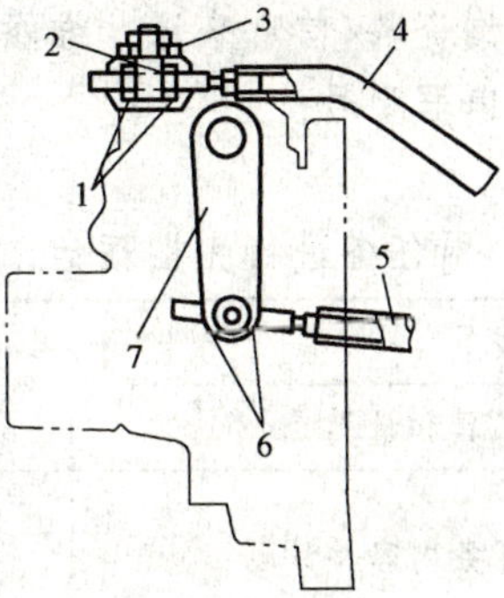

图 2-38 变速器操纵机构的调整

1—调整螺母 2—接头 3—摇臂 4—换位杆 5—变速杆 6—调整螺母 7—摇臂

操纵变速杆，检查各挡的换挡情况，若需要调整控制杆前倾时，可调整变速杆 5 的调整螺母 6 向前，当需要调整控制杆后倾时，可调整变速杆 5 的调整螺母 6 向后；若需要调整控制杆左倾时，可调整变速杆 5 的调整螺母 1 向前；当需要调整控制杆后倾时，可调整换位杆 4 的螺母 1 向后，如图 2-39 和图 2-40 所示。

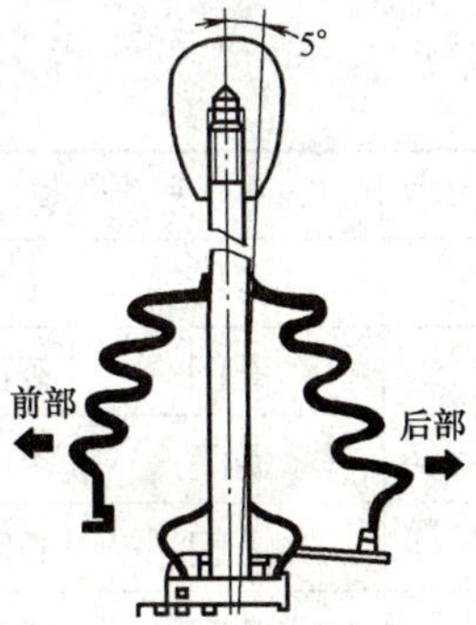

图 2-39 操纵控制杆

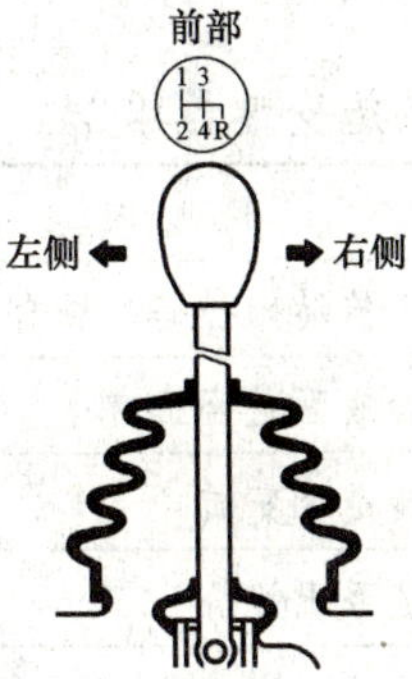

图 2-40 调整操纵控制杆

完成学习工作页

查询资料，完成工作任务后，填写自测单。

完成下列任务

1. 安全环保要求

1）进入生产实训现场时，着装整齐，佩带防护用具正确。

2）生产实训现场中，需要遵守安全规则，注意过往车辆和人群，避免意外伤害。

2. 查询资料

1）在开始工作前，寻找足够的信息资源、查询资料。

查询资料/信息来源：维修手册☐　挂图☐　参考书☐　教师☐

变速器型号：　　　　　　　操作机构类型：

2）对任务进行先期预估，组织分工，拟定工作计划。

小组成员	
所需工具和量具	
拟定任务内容及计划	

3. 完成任务

1）观察并记录。

使用工具和量具：

使用设备：

2）实施变速器维护。

内　容	状　态
变速器主传动轴护套是否有渗漏及损坏	是☐　否☐
变速器油液面是否正常	是☐　否☐
变速器油是否变质	是☐　否☐
通气塞是否正常	是☐　否☐
倒车灯是否工作正常	是☐　否☐
里程表主动齿轮是否正常	是☐　否☐

3）实施三轴变速器分解，并仔细检查零部件，确认零部件状态。

项　目	完成状态
分解变速器	
是否正确释放变速器齿轮油	是☐　否☐
是否在分解变速器总成前将变速杆挂入空挡位置	是☐　否☐
是否按照正确的拆装顺序和要求拆装顶盖总成	是☐　否☐

（续）

项　目	完成状态
分解变速器	
是否正确拆卸变速叉	是□　否□
是否能正确取出各挡变速叉	是□　否□
是否采取了措施防止自锁钢球和自锁弹簧弹出	是□　否□
是否能正确拆卸变速器第一轴	是□　否□
是否能正确取出第二轴总成	是□　否□
是否能正确拆卸4/5挡同步器总成	是□　否□
是否能正确分解第二轴，取出2/3挡同步器	是□　否□
是否能正确拆除倒挡齿轮	是□　否□
是否能正确拆卸倒挡轴、倒挡齿轮、轴承及隔套	是□　否□
是否能正确拆卸中间轴	是□　否□
装复变速器	
是否能正确进行零件的清洗	是□　否□
是否清理润滑油孔或油槽	是□　否□
是否正确组装中间轴、安装中间轴	是□　否□
是否正确安装倒挡齿轮、轴承、隔套	是□　否□
是否能正确检查中间轴、倒挡齿轮组的轴向间隙	是□　否□
是否能正确组装第二轴总成	是□　否□
是否能正确检查第二轴周向间隙	是□　否□
是否正确安装同步器	是□　否□
是否正确安装第二轴后端轴承、里程表主动齿轮等	是□　否□
是否正确安装第一轴	是□　否□
是否检查各齿轮啮合间隙	是□　否□
是否能正确安装分离轴承、回位弹簧和挂钩	是□　否□
是否能正确安装变速器叉轴、定位弹簧、钢球、互锁销	是□　否□
是否能正确安装变速叉和导块	是□　否□
是否能正确密封变速器盖前端	是□　否□
是否能正确安装变速器盖顶盖总成	是□　否□
是否安装放油塞、加油塞、倒挡灯开关、里程车速表传感器	是□　否□

4）零部件的分解和检查。

项　目	检测方法及实测值	维修方案
里程表主动齿轮		可用□　待修□　更换□
里程表从动齿轮		可用□　待修□　更换□
垫圈		可用□　待修□　更换□
弹簧挡圈		可用□　待修□　更换□
轴套		可用□　待修□　更换□
密封圈		可用□　待修□　更换□
螺钉		可用□　待修□　更换□
2挡轴套		可用□　待修□　更换□
2挡齿轮		可用□　待修□　更换□
1挡同步器锁环		可用□　待修□　更换□
2挡同步器锁环		可用□　待修□　更换□
低速同步器滑块弹簧		可用□　待修□　更换□
滑块		可用□　待修□　更换□
1挡齿轮		可用□　待修□　更换□
1挡轴套		可用□　待修□　更换□
滚针轴承		可用□　待修□　更换□
止推垫		可用□　待修□　更换□
输入轴轴承止推环		可用□　待修□　更换□
轴承		可用□　待修□　更换□
倒挡第二轴齿轮		可用□　待修□　更换□
输出轴		可用□　待修□　更换□
高速同步器滑块弹簧		可用□　待修□　更换□
3挡传动齿轮		可用□　待修□　更换□
高速同步器锁环		可用□　待修□　更换□
高速同步器滑块弹簧		可用□　待修□　更换□
3挡齿轮垫圈		可用□　待修□　更换□
向心球轴承		可用□　待修□　更换□
输入轴轴承垫圈		可用□　待修□　更换□
输入轴密封圈总成		可用□　待修□　更换□
中间轴密封盖总成		可用□　待修□　更换□
中间齿轮轴组件		可用□　待修□　更换□
倒挡齿轮中间轴齿轮		可用□　待修□　更换□
倒挡齿轮轴挡圈		可用□　待修□　更换□
倒挡空转齿轮总成		可用□　待修□　更换□
倒挡齿轮油		可用□　待修□　更换□
螺栓		可用□　待修□　更换□
倒挡轴止动板		可用□　待修□　更换□

5）清理工作台和现场，归置工具　　　合格□　　不合格□

问答下列问题

1. 拆卸和更换手动变速器时，________。

A. 传动轴可以以任何位置安装在主减速器小锥齿轮轴上

B. 可以用离合器摩擦片毂中的变速器输入轴支承变速器的重力

C. 应当在变速器与发动机之间的紧固螺栓松开后安装发动机支座

D. 必须是用在对正工具将离合器摩擦片对正后再安装变速器

2. 当检查手动变速器同步器总成时：________。

A. 锁环上的齿尖应当是光滑的平面

B. 锁环锥面上的螺纹应当锐利而不应当钝

C. 锁环与其相配齿轮的犬牙齿之间的间隙是不重要的

D. 结合套应当贴合在花键毂上并对运动产生一定的阻力

3. 在手动变速器中，倒挡惰轮只与________齿轮相啮合。

A. 1 挡齿轮　B. 2 挡齿轮　C. 3 挡和 4 挡齿轮　D. 倒挡齿轮

4. 在有些变速驱动桥中，车速里程表的驱动齿轮被安装在：________。

A. 输入轴上　B. 分动器齿轮上　C. 输出轴上　D. 轴内毂上

5. 轴承预紧度是：________。

A. 在安装轴承前将轴承填满润滑脂

B. 变速器工作时对轴承施加压力的大小

C. 组装变速器时对轴承施加压力的大小

D. 不可调整的

6. 有一延伸壳在其接合面上有毛刺和沟痕。甲说如果这些毛刺和沟不很严重，则可以用锉刀对它们进行修理。乙说延伸壳的结合面是机加工表面，因而应用硬质砂纸对它们进行修磨。谁说得对？________。

A. 甲对　B. 乙对　C. 甲和乙都对　D. 甲和乙都不对

7. 更换延伸壳油封时，不需要进行检查的是：________。

A. 延伸壳衬套　　B. 前传动轴万向节叉

C. 延伸壳衬垫　　D. 输出轴轴承

8. 甲说使用的变速器液的牌号不正确，可能会导致手动变速器换挡故障。乙说可能会加剧同步器锁环的磨损。谁说得对？________。

A. 甲对　B. 乙对　C. 甲和乙都对　D. 甲和乙都不对

9. 甲说同步器锁环的边缘锐利说明锁环技术状况良好。乙说锁环的边缘锐利能够防止变速器脱挡。谁说得对？________。

A. 甲对　B. 乙对　C. 甲和乙都对　D. 甲和乙都不对

10. 中间轴轴向间隙过大将会导致下列部件损坏：________。

A. 变速器壳 B. 齿轮的齿 C. 中间轴 D. 离合器分离轴承

任务4 自测表

在教师的帮助下找出所有的错误并改正，最后由教师确认

任务要求	回　答
能够正确获得相关信息，进行工作准备	是□　否□
是否能正确拆装离合器系统	是□　否□
是否能正确检测离合器部件	是□　否□
关键能力	回　答
是否有计划、组织和团队交流合作	是□　否□

学习评价：　合格□　不合格□

学生签字　　教师签字

日　期　　日　期

任务5　实施两轴变速器的拆装和检修

学习目标

通过本次学习任务的完成，掌握两轴手动变速器拆装、检修的知识，形成相关的能力。

拆卸工具

呆扳手、梅花扳手、一字螺钉旋具、清洗剂、润滑脂、塑料锤、游标卡尺、塞尺、顶拔器、压机或专用工具、纯铜棒、木块、磁力表座和百分表、接油盘、干净的棉纱。

学习信息

下面以福特嘉年华 iB5 手动变速器为例，说明两轴变速器的维修程

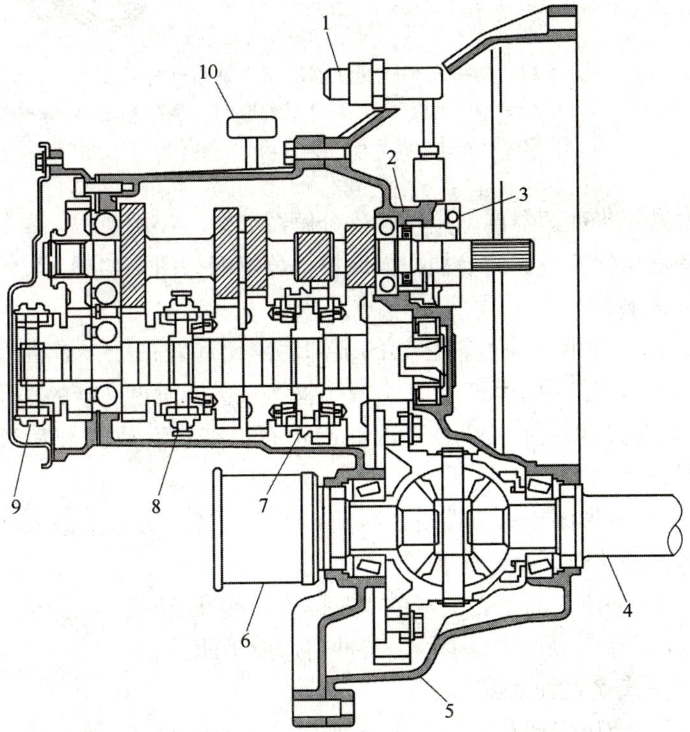

图 2-41　福特嘉年华变速器的结构示意图

1—液压保持阀　2—油封（从外部可更换）　3—离合器分离轴承（可单独更换型）　4—前驱动半轴中间轴　5—盆形齿轮　6—等速万向节壳体　7—1/2 挡同步器　8—3/4 挡同步器　9—5 挡同步器　10—变速器通风孔

序。福特嘉年华 iB5 采用前置前驱、横置式布置，变速器为两轴手动驱动桥，采用液压操纵式离合器。变速器的结构示意图如图 2-41 所示。

在这种两轴变速器内，所有齿轮都处于常啮合状态。输出轴的反方向旋转是通过在倒挡齿轮上使用倒挡惰轮来实现的。所有齿轮都是螺旋齿形、同步器控制（倒挡除外）。这种结构能将噪声降到最低，并使换挡更容易，同时还具备质量小和冲击小的优点。

福特嘉年华变速器的输入轴组件分解图如图 2-42 所示。

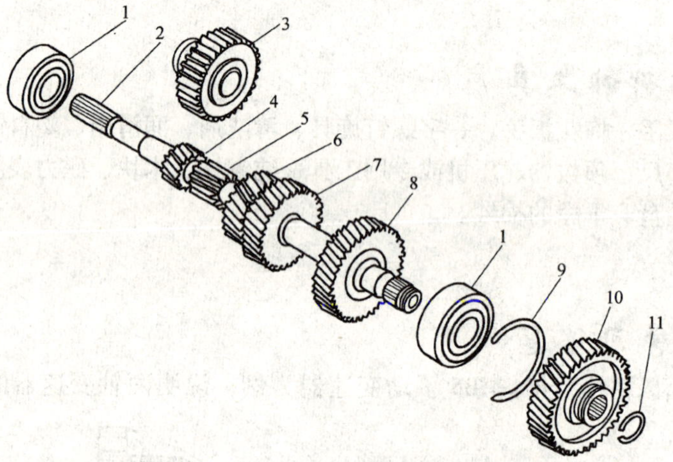

图 2-42　福特嘉年华变速器的输入轴组件分解图

1—球轴承　2—输入轴　3—倒挡惰轮　4—1 挡齿轮　5—倒挡齿轮　6—2 挡齿轮　7—3 挡齿轮　8—4 挡齿轮　9—卡簧　10—5 挡齿轮　11—卡簧

福特嘉年华变速器的输出轴组件分解图如图 2-43 所示。

福特嘉年华变速器的换挡内操纵机构分解图如图 2-44 所示。

1. 就车检查

（1）检查轴承　检查轴承架的顶部、侧面和开口处，是否因为专用工具使用不当或使用错误工具而造成了损坏，必要时更换新的轴承。

1）检查锥度轴承末端是否因润滑不良而变色，或因载荷过大而过热，如图 2-45a 所示。

2）检查锥形滚子的末端是否因安装不当、预应力过大或安装不到位造成了磨损，如图 2-45b 所示。

3）检查轴承表面是否呈灰色或灰黑色，或滚子间有沉淀物。

4）检查轴承架表面是否因静态冲击造成了凹槽。

（2）更换输入轴油封

1）拆卸液压保持阀，如图 2-46 所示。取下保护盖，旋松排气嘴，拆下液压保持阀。

2）拆卸离合器分泵（即工作缸），如图 2-47 所示。

3）在输入轴油封上做上标记。

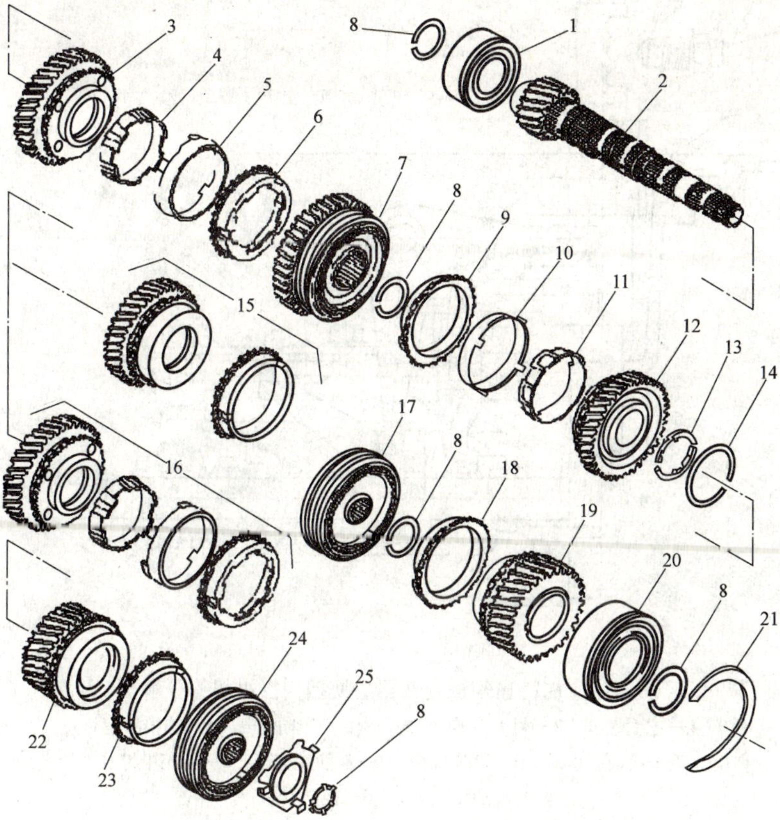

图 2-43　福特嘉年华变速器的输出轴组件分解图

1—滚柱轴承　2—输出轴　3—1 挡齿轮　4—同步器内锥环　5—同步器中锥环
6—同步器外锥环　7—1/2 挡同步器及倒挡齿轮　8—卡簧　9—同步器外锥环
10—同步器中锥环　11—同步器内锥环　12—2 挡齿轮　13—半月环　14—卡簧
15—3 挡齿轮和锁环式同步器　16—3 挡齿轮和拉环式同步器　17—3/4 挡同步器
18—4 挡同步环　19—4 挡齿轮　20—球轴承（两侧密封式）　21—卡簧
22—5 挡齿轮　23—5 挡同步环　24—5 挡同步器　25—定位板

4）拆卸输入轴油封，如图 2-48 所示。注意操作位置，切勿损坏输入轴球轴承。

5）拆卸驱动半轴油封，如图 2-49 所示。

安装时：

1）将驱动半轴油封和离合器分泵安装到位。

2）均匀紧固螺栓，将输入轴油封压装到变速器壳体内。

3）安装液压保持阀，紧固排气嘴，盖上保护盖。

（3）更换半轴油封　其拆卸程序为：

1）支撑半轴。内侧万向节弯曲度不得大于 18°，外侧万向节不得大于 45°。

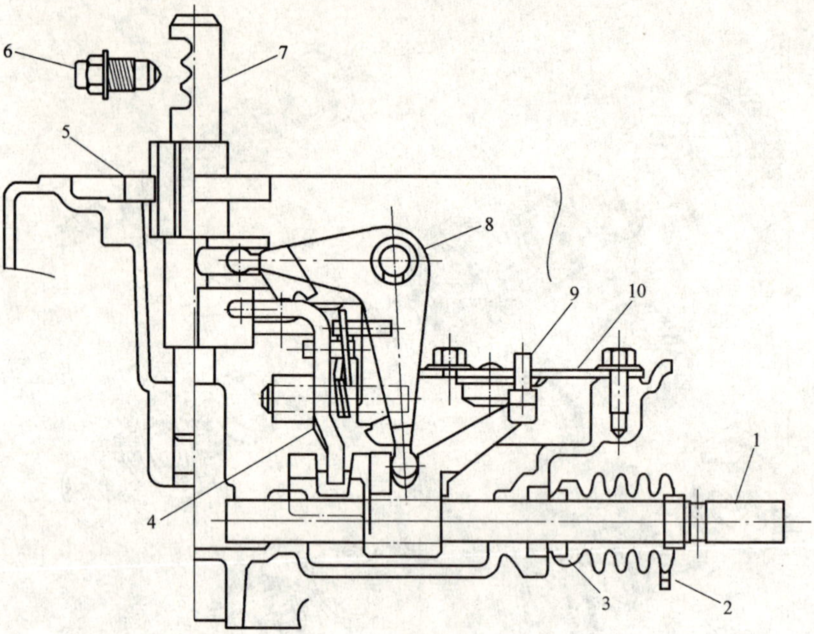

图 2-44　福特嘉年华变速器的换挡内操纵机构分解图

1—主变速杆　2—衬套（向下通风）　3—径向油封　4—选挡中继杆
5—换挡锁止板　6—定位机构　7—辅助变速杆　8—换挡中继杆
9—换挡导块　10—换挡导板

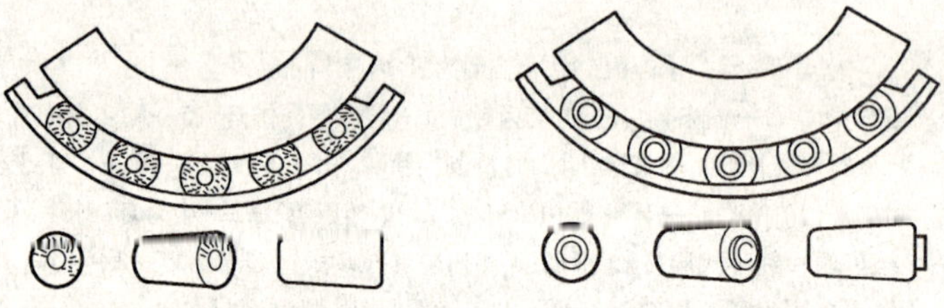

图 2-45　检查变速器轴承

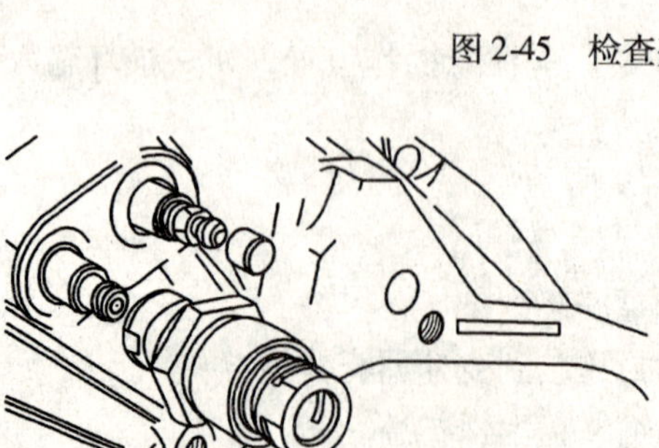

图 2-46　拆卸液压保持阀

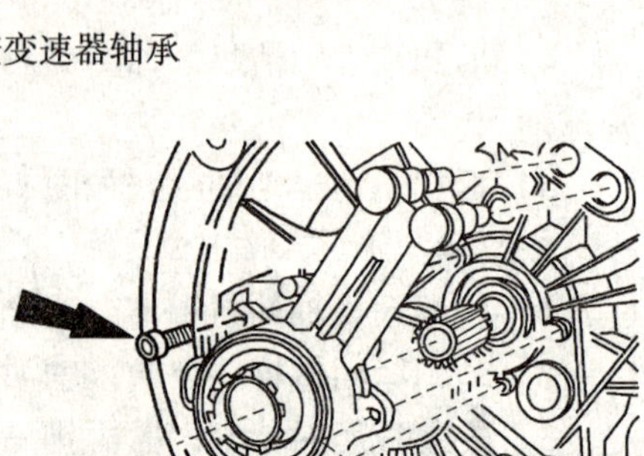

图 2-47　拆卸液离合器分泵

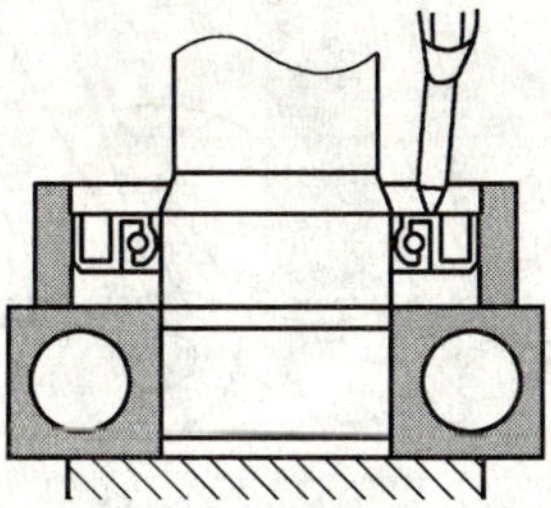
图 2-48　拆卸输入轴油封

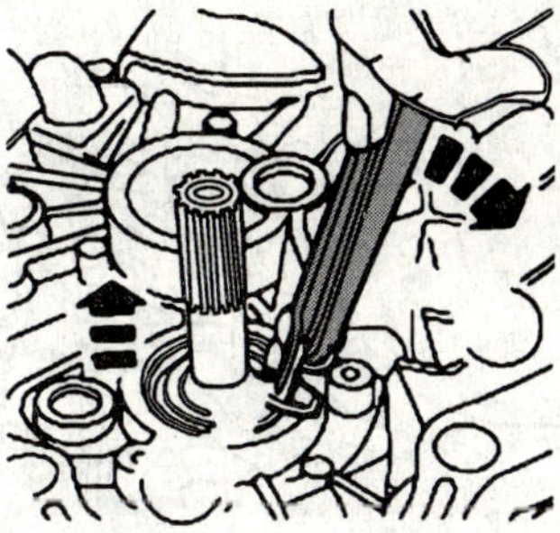
图 2-49　拆卸驱动半轴油封

注意：将右侧半轴水平向外拉出，否则会损坏油封。

2）拆下右侧半轴并妥善放置，拆下左侧半轴。

3）使用专用工具（半轴油封拆卸器）将驱动半轴油封拆下，如图 2-50所示。

安装程序为：

1）使用专用工具安装半轴油封，如图 2-51 所示。

2）安装左前半轴。

3）安装右前半轴。

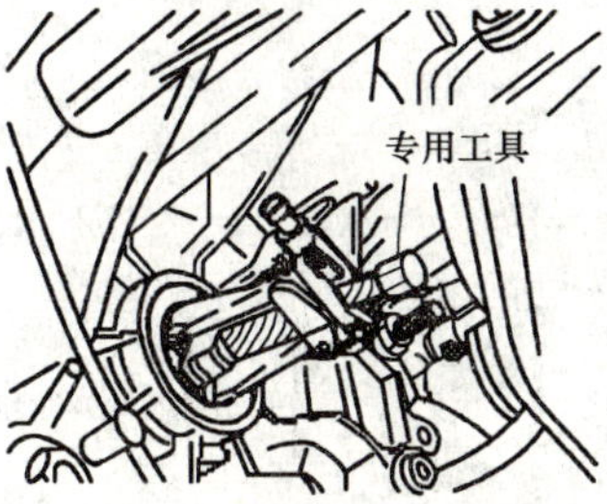

图 2-50　拆卸半轴油封

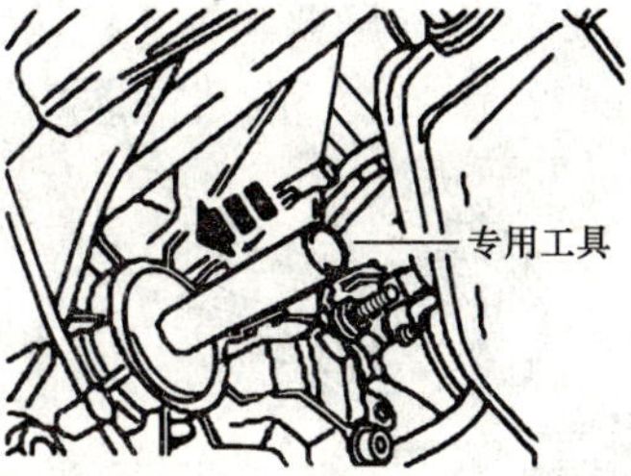

图 2-51　安装半轴油封

（4）拆装车速里程表驱动齿轮　拆卸时：

1）准备措施：记录要重新设置的收录机密码和频道。

2）拆下蓄电池负极接线，拆下蓄电池。

3）拆下车速传感器（VSS）的插接器。

4）举升车辆。

5）拆下里程表软轴，拆下车速传感器，如图 2-52 所示。

6）拆下车速传感器驱动齿轮，如图 2-53 所示。

安装时：

1）安装里程表驱动齿轮：装入驱动齿轮，装入滚动销。

2）装入车速传感器，装上里程表驱动软轴。

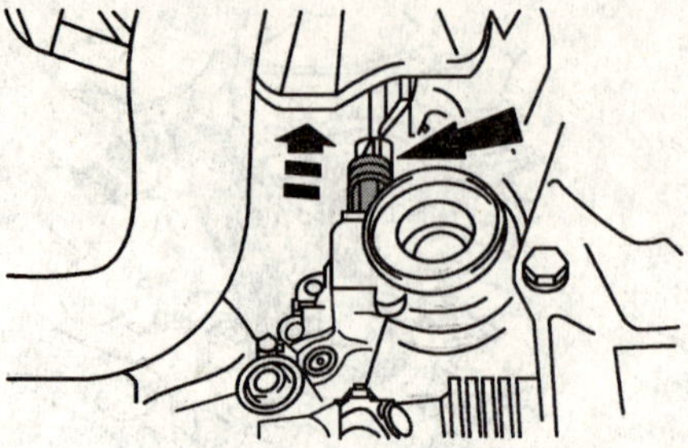
图 2-52　拆卸车速传感器

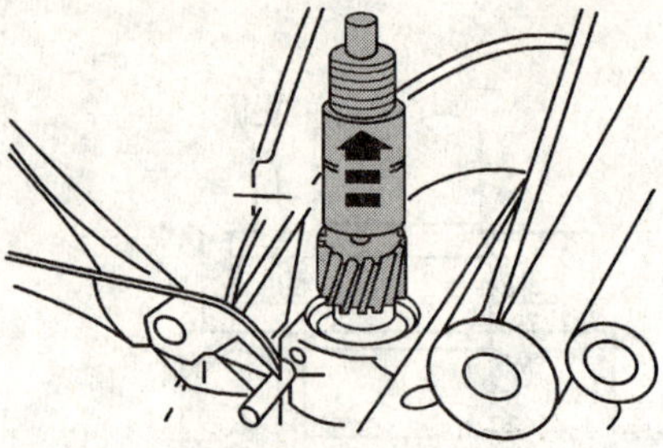
图 2-53　拆卸车速传感器

3）降下车辆。

4）连接车速传感器插接器。

5）标准结束操作步骤。

2. 分解变速驱动桥

1）拆下液压保持阀。

2）拆下离合器分泵。

3）拆卸分离轴承，如图 2-54 所示。

注意：分离轴承必须推压安装。

4）拆下里程表驱动齿轮。

5）拆卸尾盖和锁止机构，如图 2-55 所示。

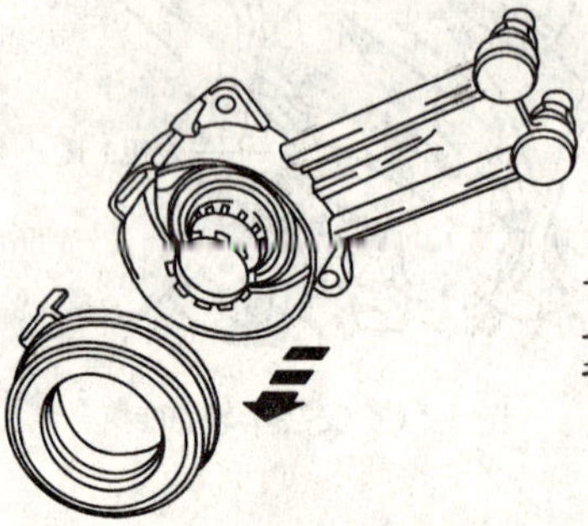
图 2-54　拆卸分离轴承

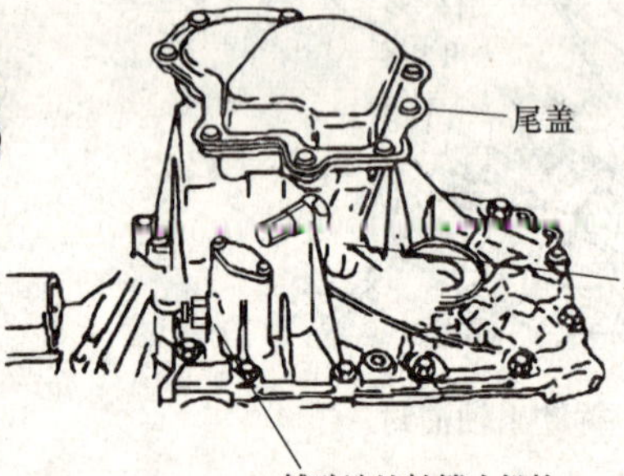

图 2-55　拆除尾盖和锁止机构

6）拆卸卡簧和换挡指，如图 2-56 所示。

7）取出 5 挡齿轮同步器和换挡拨叉。

8）分解 5 挡同步器总成。注意在分解同步器之前，先标注同步器的安装位置，如图 2-57 所示。

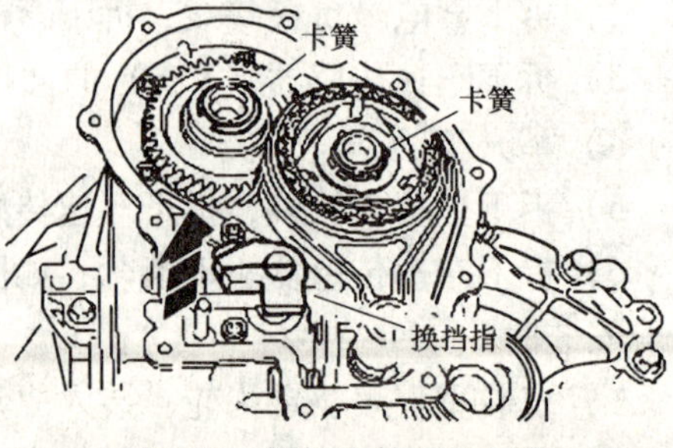

图 2-56　拆卸卡簧和换挡指

9）取出5挡齿轮。

10）拆下5挡齿轮壳体。注意不要碰撞配合表面。拆下壳体衬垫，清洁配合表面。

11）拆下衬垫，拆下卡簧，如图2-58所示装配时应更换新件。

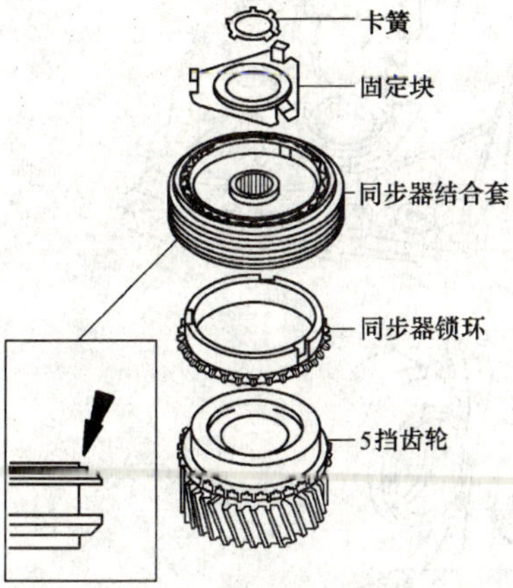

图2-57 分解5挡同步器总成

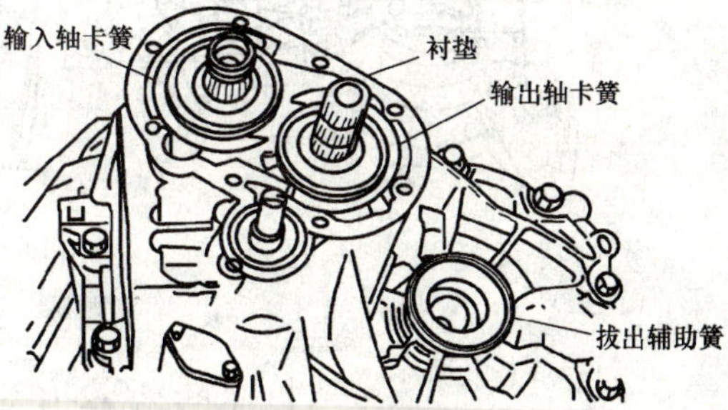

图2-58 拆卸卡簧

12）使用专用工具取出前轮半轴油封。注意只有在进行密封时才需要拆下倒车灯开关。

13）拆下变速器壳体部分：拆下螺栓，轻轻敲击变速器壳体并将其分离。

14）取出选挡轴导向衬套上部卡簧并丢弃。

15）拆卸选挡轴导向衬套，如图2-59所示。

16）将输入轴、输出轴和换挡拨叉一起取出。

17）拆下倒挡惰轮、选挡轴和锁块。

18）拆下差速器总成、永久磁铁和输入轴油封。

19）拆下输出轴锥形滚子轴承，拆下输出轴轴承座，如图2-60所示。

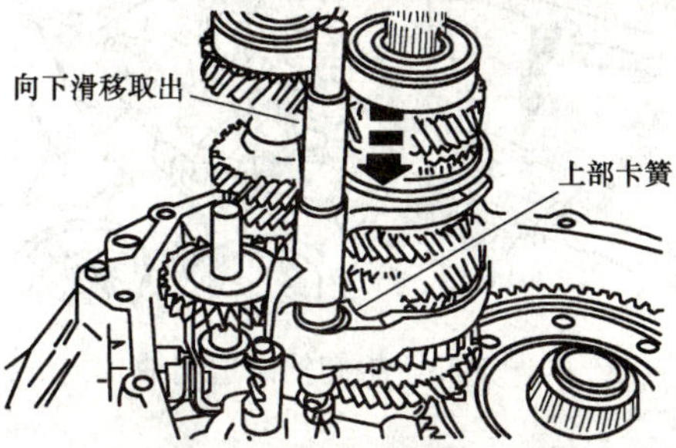

图2-59 拆卸选挡轴导向衬套

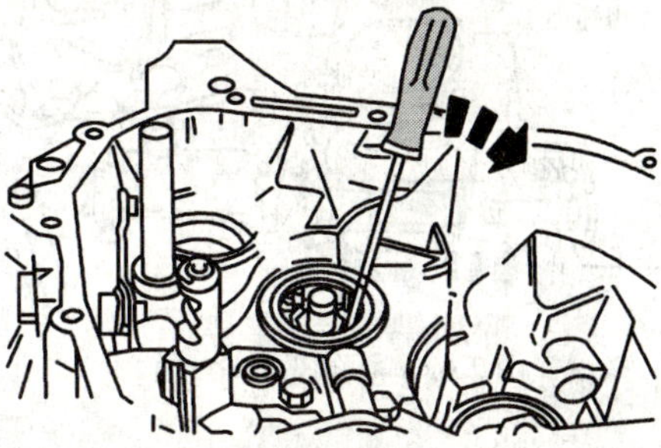

图2-60 拆卸输出轴轴承座

20）拆下差速器轴承座。

注意：将专用工具定位在变速器壳体上的轴安装孔内，拆下轴承座，如图2-61所示。

注意：差速器垫片组件的安装顺序。

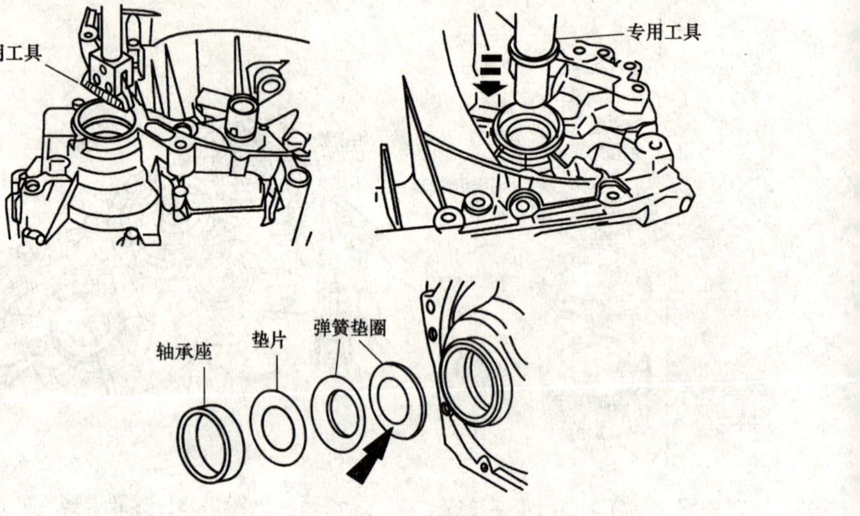

图 2-61　拆卸差速器轴承座

3. 分解换挡板

（1）分解

1）拆卸选挡轴油封，取下衬套，如图 2-62 所示。

2）拆卸辅助选挡轴（见图 2-63），将辅助选挡轴和中继杆一起拆下。

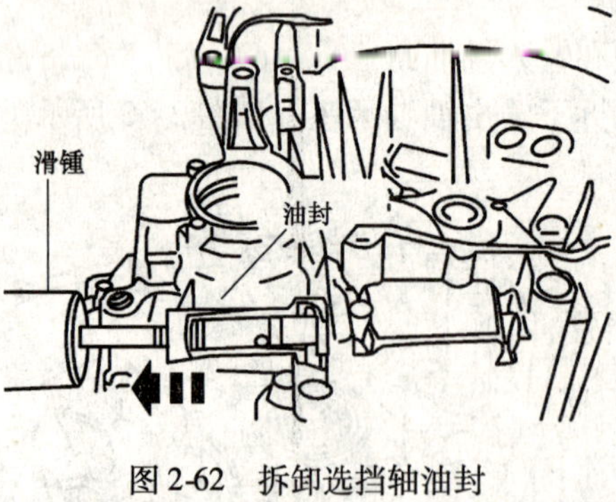

图 2-62　拆卸选挡轴油封

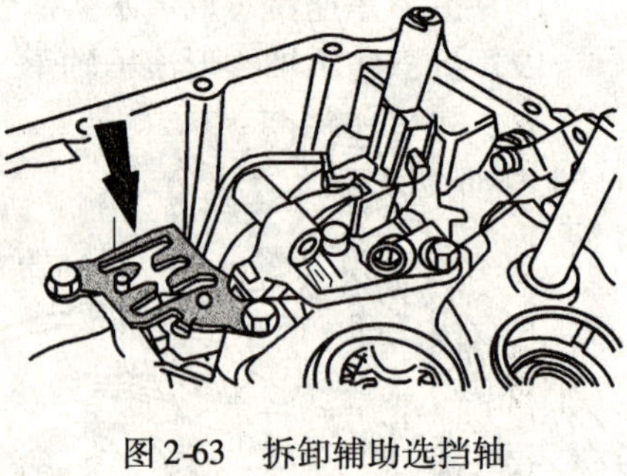

图 2-63　拆卸辅助选挡轴

3）检查中继杆和锁止机构，如图 2-64 所示。

4）拆卸选挡轴和倒挡换挡连杆，如图 2-65 所示。拆下螺栓，拉出选挡轴，取出换挡导块。拆下并丢弃卡簧，将倒挡换挡连杆和弹簧一起拆下。

（2）组装　组装顺序与拆装时相反。

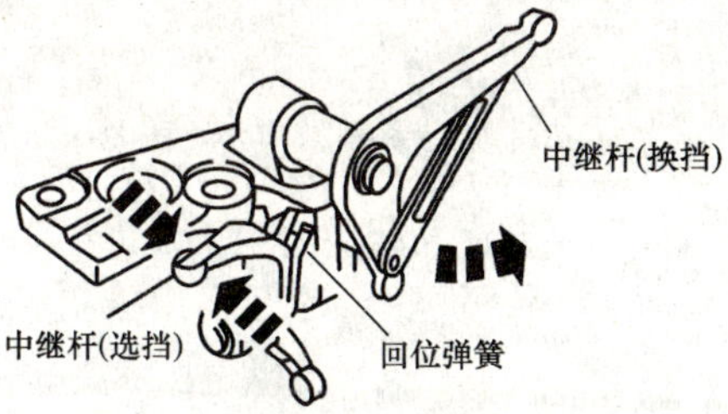

图 2-64　检查中继杆和锁止机构

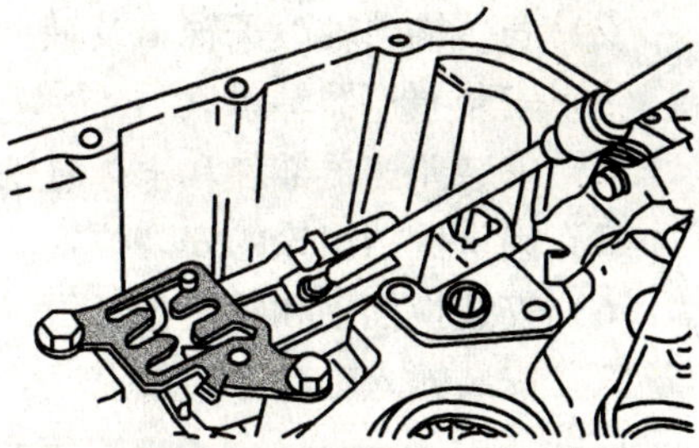

图 2-65　拆卸选挡轴和倒挡换挡连杆

注意：

1）在倒挡换挡连杆上安装新的卡簧。

2）在选挡轴上安装新的径向油封。

4. 拆、装输入轴

（1）分解　用顶拔器分解输入轴，如图 2-66 所示。

（2）组装　用压机组装输入轴。

5. 拆、装输出轴

（1）分解

1）拆下球轴承和 4 挡齿轮。小心维修同步器锁环和同步器锥环。

2）分解 3/4 挡齿轮。

3）分解 3 挡同步器锁环。

4）分解 2 挡齿轮和同步器组件。

5）分解 1 挡齿轮、倒挡齿轮、同步器接合套和同步器组件。

6）分解同步器组件。

7）拆下输出轴轴承座。

（2）组装　组装顺序与分解时相反。

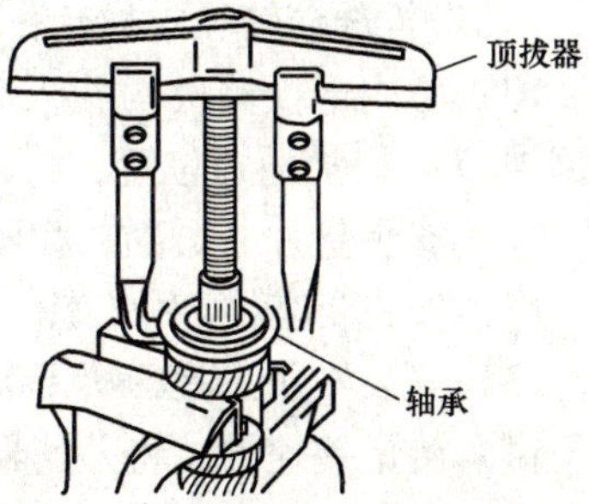

图 2-66　用顶拔器分解输入轴

注意：

1）在组装前，应将所有部件清洁并涂抹变速器油。

2）安装输出轴轴承座时，将轴承座均匀加热到 80℃，然后安装到输出轴上。

3）注意锁环和同步器接合套上的安装标记，不能装反。

4）安装锁环时注意环形凹槽向下安装。

5）安装球轴承时注意环形凹槽指向外侧。

6. 组装变速驱动桥

1）在组装前，应对所有部件进行清洁和检查，变速器油润滑所有滑动部件。

2）安装输出轴滚子轴承及轴承座。

3）安装差速器轴承座。

4）安装差速器部件和永久磁铁。

5）确认倒挡惰轮的安装位置。

6）安装换挡轴和锁止盘。

7）安装输入轴和输出轴。

注意：

①将输入和输出轴相互配合在一起。

②将 1/2 挡的换挡拨叉安装到位。

③将 3/4 挡的换挡拨叉安装到位。

④在辅助选挡轴上系一橡胶带以辅助安装。

⑤将输入轴插入约 50mm 后向一侧稍微倾斜。

⑥将输出轴插入相同深度后，将各齿轮的配合齿重新对齐。

8）将输入轴和输出轴安装到位。

9）安装选挡轴导向衬套：将导向衬套滑动到位，安装新的卡簧。

10）将内部换挡机构挂入 5 挡位置。顺时针旋转辅助选挡轴直至到达倒挡/5 挡换挡通道位置，将辅助选挡轴和选挡轴一起下移。

11）安装垫片并紧固，如图 2-67 所示。

12）安装变速器。用长螺栓安装专用工具安装辅助塞，然后紧固螺栓。

13）安装专用工具，拆下装配塞。

14）测量差速器。将差速器旋转至少 10 圈以使轴承到位，安装磁力百分表和表座（也可以采用装配软焊丝的方法来测量）。

15）测量差速器的轴向跳动，如图 2-68 所示。进行 3 次测量，计算平均值。

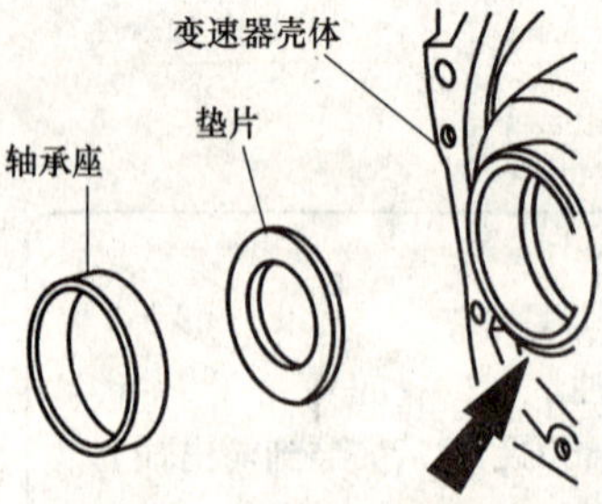

图 2-67　安装垫片

图 2-68　测量差速器的轴向跳动

16）确定需要的调节垫片。

17）分解变速器壳体。插入上部的组装销，将变速器旋转 180°，然后拆下百分表，磁力座和专用工具。

18）拆下轴承座和测量垫片。

19）安装所选定的垫片并紧固，如图 2-69 所示。

注意：两弹簧垫圈应相互背向安装。安装轴承座并通过敲击外缘处的方式来紧固。

20）在装备有黑色尾部端盖的变速器上，应在两半壳体的接触面上均匀地涂抹密封胶后再进行安装。

21）组装壳体，均匀地紧固螺栓。

22）在输入轴和输出轴上安装新的卡簧。

注意：使用木质支撑，安装卡簧，如图 2-70 所示。

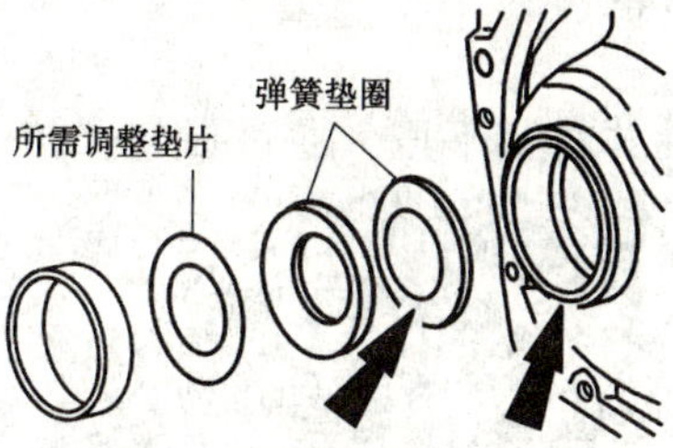

图 2-69　安装所选定的垫片

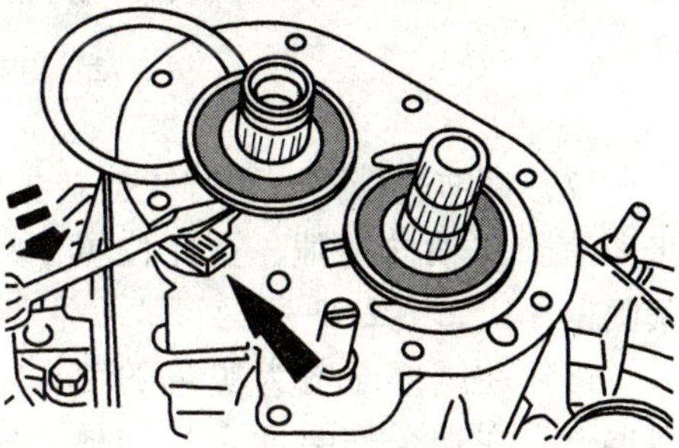

图 2-70　使用木质支撑，安装卡簧

23）安装衬垫。注意：旋转卡簧使其位于衬垫的凹陷处。

24）安装 5 挡齿轮壳体。

25）使用压力机将 5 挡齿轮安装到输入轴上。

注意：固定选挡轴以防其转动，从而使倒挡惰轮保持在导向轴套上。

26）安装 5 挡卡簧。

27）组装 5 挡同步器。注意同步器的正确安装位置。

28）安装 5 挡同步器和换挡拨叉。

29）安装新的挡位选择器和卡簧。

30）安装辅助选挡轴锁止机构，如图 2-71 所示。

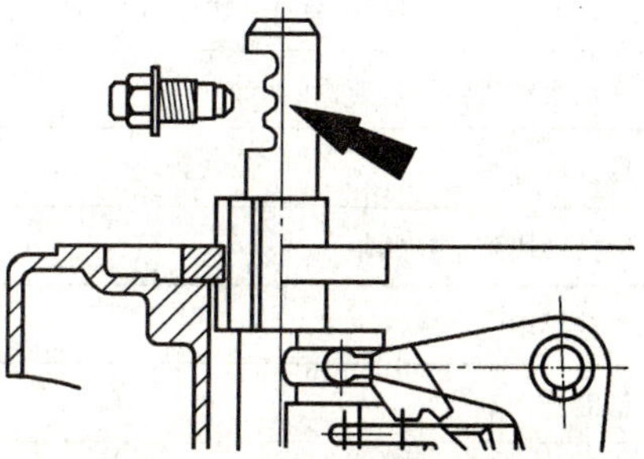

图 2-71　安装辅助选挡轴锁止机构

注意：只能在空挡位置安装，应在螺纹上涂抹万用密封胶。

31）挂入5挡。将换挡拨叉和换挡指一起下压，然后将5挡换挡轴顺时针旋转直至停止，再将主选挡轴顺时针旋转直至停止然后拔出，如图2-72所示。

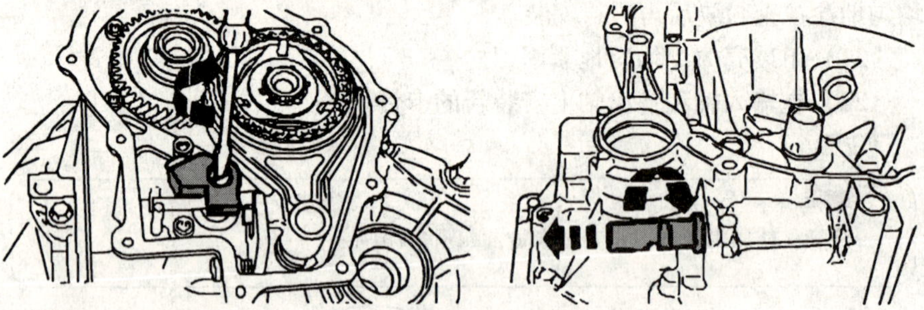

图2-72 旋转挂入5挡

32）调节选挡指。顺时针旋转主选挡轴并将其下压，通过提起选挡指来消除其轴向间隙，在此位置紧固螺栓，如图2-73所示。

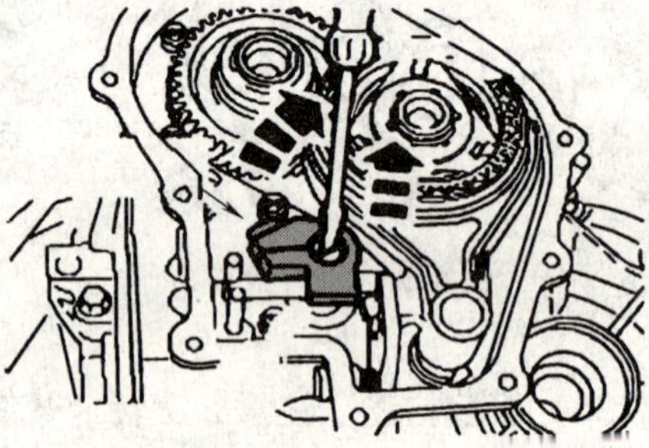

图2-73 紧固选挡指固定螺栓

33）在尾部端盖为黑色的变速器上，在端盖安装面上均匀地涂抹密封胶。

34）安装端盖和输入轴油封。

35）安装里程表驱动齿轮和车速传感器（VSS）。

36）将离合器分离轴承装入离合器分泵。

37）安装驱动半轴油封和离合器分泵。

38）安装液压保持阀。注意检查油封并在必要时更换。

39）将变速器从组装支架上取下。

7. 主要的力矩要求

描　述	力矩/N·m
主减速器齿轮到差速器	115
离合器分泵	10
换挡导块到主换挡轴	14
换挡导块	26
辅助选挡轴	22
变速驱动桥壳体	28

（续）

描　述	力矩/N·m
5 挡齿轮壳体到变速驱动桥壳体	13
定位机构	25
倒车灯开关	18
变速驱动桥壳体	12
离合器分泵液压保持阀	10
凸缘螺栓—变速驱动桥到发动机	44
发动机防滚架到发动机	50
发动机防滚架到下横梁	69
稳定连杆到悬架支柱	47
下悬臂到主轴支架	52
驱动半轴端部螺栓	270
悬架支柱上部螺母	46
蓄电池托架	25
选挡指	17
变速驱动桥加油塞	35
车轮螺母	85
三元催化器到排气歧管	47
起动马达	44
换挡稳定杆	55
隔热板	12
发动机后部安装支架（1.6L 发动机）	69
发动机后部安装支架到车架（1.6L 发动机）	30
发动机后部安装支架（柴油发动机）	70
发动机前部安装支架（柴油发动机）	70
发动机前部安装支架	130

完成学习工作页

查询资料，完成工作任务后，填写自测单。

完成下列任务

1. 安全环保要求

1）进入生产实训现场时，着装整齐，佩带防护用具正确。

2）生产实训现场中，需要遵守安全规则，注意过往车辆和人群，避免意外伤害。

2. 查询资料

1）在开始工作前，寻找足够的信息资源、查询资料。

查询资料/信息来源：维修手册□　挂图□　参考书□　教师□

变速器型号：　　　　　　　　　　操作机构类型：

2）对任务进行先期预估，组织分工，拟定工作计划。

小组成员	
所需工具和量具	
拟定任务内容及计划	

3. 完成任务

1）观察并记录。

使用工具和量具：

使用设备：

2）实施两轴变速器离合器拆装，并对零部件的工作状态进行确认。

工作内容	是否完成	
变速器的分解		
是否正确拆卸离合器液压保持阀	是□	否□
是否正确拆卸离合器分泵	是□	否□
是否正确拆卸离合器分离轴承	是□	否□
是否正确拆卸车速驱动齿轮	是□	否□
是否正确拆卸车速传感器	是□	否□
是否正确与操纵机构分离	是□	否□

（续）

工作内容	是否完成	
是否正确拆卸尾盖	是□	否□
是否正确拆卸卡簧和换挡指	是□	否□
是否正确拆卸5挡齿轮同步器和换挡拨叉	是□	否□
是否正确标记了同步器的位置和方向	是□	否□
是否正确分解同步器总成	是□	否□
是否正确取出5挡齿轮	是□	否□
是否正确无损伤地拆卸5挡齿轮壳体	是□	否□
是否正确使用工具拆卸两侧的油封	是□	否□
是否正确取下壳体	是□	否□
是否正确取出选挡轴导向衬套卡簧	是□	否□
是否正确取出选挡轴导向衬套	是□	否□
是否正确取下输入轴、输出轴、换挡拨叉	是□	否□
是否正确拆下倒挡惰轮、选挡轴和锁块	是□	否□
是否正确拆卸差速器总成、永久磁铁、输入轴油封	是□	否□
是否正确拆卸输出轴锥形滚子轴承	是□	否□
是否正确拆卸输出轴轴承座	是□	否□
是否正确拆卸差速器轴承座	是□	否□
是否记录差速器垫片的顺序	是□	否□
是否能正确拆卸辅助选挡轴	是□	否□
是否检查了中继杆和锁止机构的位置	是□	否□
是否正确拆卸选挡轴和倒挡换挡连杆	是□	否□
是否正确拆卸选挡轴和倒挡换挡连杆	是□	否□
是否能正确分解输入轴	是□	否□
是否能正确分解输出轴	是□	否□
是否能正确分解同步器	是□	否□

（续）

工 作 内 容	是 否 完 成	
变速器的装复		
是否在安装前进行了正确的清洗	是□	否□
是否能正确安装输出轴滚子轴承	是□	否□
是否能正确安装差速器轴承座	是□	否□
是否能正确安装差速器和永久性磁铁	是□	否□
是否能正确安装倒挡惰轮	是□	否□
是否能正确安装换挡轴和锁止盘	是□	否□
是否能正确安装输入轴和输出轴	是□	否□
是否能正确安装换挡轴导向衬套及卡簧	是□	否□
是否能正确安装变速器垫片	是□	否□
是否能正确安装差速器	是□	否□
是否能根据需要选择差速器垫片	是□	否□
是否能正确安装输入轴、输出轴的弹簧卡圈	是□	否□
是否能正确安装5挡齿轮壳体	是□	否□
是否能正确安装5挡齿轮	是□	否□
是否能正确安装5挡同步器和换挡拨叉	是□	否□
是否能正确安装新的挡位选择器和卡簧	是□	否□
是否能正确安装辅助选挡锁止机构	是□	否□
是否能正确调节选挡指	是□	否□
是否能正确安装端盖和输入轴油封	是□	否□
是否能正确安装车速传感器	是□	否□
是否能正确安装离合器分离轴承	是□	否□
是否能正确安装驱动半轴油封和离合器分离缸	是□	否□
是否能正确安装液压保持阀	是□	否□

3）零部件的分解和检查。

	检测方法及实测值	维修方案
变速器输入轴组件		
球轴承		可用□　待修□　更换□
输入轴		可用□　待修□　更换□
倒挡惰轮		可用□　待修□　更换□
1 挡齿轮		可用□　待修□　更换□
倒挡齿轮		可用□　待修□　更换□
2 挡齿轮		可用□　待修□　更换□
3 挡齿轮		可用□　待修□　更换□
4 挡齿轮		可用□　待修□　更换□
5 挡齿轮		可用□　待修□　更换□
卡簧		可用□　待修□　更换□
变速器输出轴组件		
输出轴滚柱轴承		可用□　待修□　更换□
输出轴		可用□　待修□　更换□
1 挡齿轮		可用□　待修□　更换□
1 挡同步器环		可用□　待修□　更换□
1/2 挡同步器及倒挡齿轮		可用□　待修□　更换□
2 挡同步器环		可用□　待修□　更换□
2 挡齿轮		可用□　待修□　更换□
3 挡齿轮		可用□　待修□　更换□
3 挡同步环		可用□　待修□　更换□
3/4 挡同步器		可用□　待修□　更换□
4 挡同步环		可用□　待修□　更换□
4 挡齿轮		可用□　待修□　更换□
输出轴球轴承		可用□　待修□　更换□

（续）

	检测方法及实测值	维 修 方 案
卡簧		可用□ 待修□ 更换□
5挡齿轮		可用□ 待修□ 更换□
5挡同步环		可用□ 待修□ 更换□
5挡同步器		可用□ 待修□ 更换□
定位板		可用□ 待修□ 更换□
换挡操纵部件		
主选挡杆		可用□ 待修□ 更换□
通风衬套		可用□ 待修□ 更换□
径向油封		可用□ 待修□ 更换□
选挡中继杆		可用□ 待修□ 更换□
换挡锁止板		可用□ 待修□ 更换□
锁止定位机构		可用□ 待修□ 更换□
换挡中继杆		可用□ 待修□ 更换□
换挡导块		可用□ 待修□ 更换□
变速器箱体部件		
液压保持阀		可用□ 待修□ 更换□
壳体油封		可用□ 待修□ 更换□
离合器分离轴承		可用□ 待修□ 更换□
前驱动半轴中间轴		可用□ 待修□ 更换□
主减速器从动齿轮		可用□ 待修□ 更换□
等速万向节壳体		可用□ 待修□ 更换□

4）检查是否清扫工作台，归置设施和工具　　是□　　否□

问答下列问题

1. 倒车灯在所有挡位时都亮。下列中哪一个最不可能的原因？________。

A. 倒车灯开关短路　　B. 传动装置失调

C. 线束中有短路　　D. 制动灯开关有故障

2. 讨论输出轴三挡齿轮齿形时，甲说齿形应当是圆滑的，乙说应当是锐利的、斜边缘。谁说得对？________。

A. 甲对　　B. 乙对

C. 甲和乙都对　　D. 甲和乙都不对

3. 甲说导向轴承或衬套磨损通常是由于不对正造成的。乙说变速器输入轴弯曲或离合器摩擦片翘曲可能会导致不对正。谁说得对？________。

A. 甲对　　B. 乙对

C. 甲和乙都对　　D. 甲和乙都不对

4. 换挡拨叉被连接到：________。

A. 前进挡和倒挡齿轮上　　B. 中间轴上

C. 同步器锁环上　　D. 同步器总成上

5. 当从汽车变速驱动桥上拆卸差速器时，最可能不需要拆卸的部件是：________。

A. 半轴　　B. 变速驱动桥

C. 发动机　　D. 下控制臂

6. 当放出手动变速驱动桥时发现液体中有金黄色磨屑，最可能是：________。

A. 同步器锁环磨损　　B. 2 挡齿轮磨损

C. 推力垫圈磨损　　D. 换挡拨叉磨损

7. 拆下变速驱动桥后，下列所有部件都需要打开驱动桥壳后才能拆除，除了：________。

A. 输入轴　　B. 输出轴

C. 导向轴承　　D. 差速器轴承

8. 甲说手动变速驱动桥的同步器花键毂可以在其安装的轴上倒转安装。乙说同步器结合套可以在其啮合的花键毂上倒转安装。谁说的对？________。

A. 甲对　　B. 乙对

C. 甲和乙都对　　D. 甲和乙都不对

任务5 自测表

在教师的帮助下找出所有的错误并改正，最后由教师确认

任务要求	回答
是否能正确拆装两轴手动变速器	是□ 否□
是否能正确检测两轴手动变速器	是□ 否□
关键能力	回答
是否有计划、组织和团队交流合作	是□ 否□

学习评价： 合格□ 不合格□

学生签字 教师签字

日 期 日 期

单元学习鉴定

在完成本单元所有工作任务的学习后，由教师组织、实施单元综合鉴定。

1）鉴定计划

2）鉴定工具1：口头或书面问题清单

3）鉴定工具2：练习和观察清单

4）单元鉴定表

鉴定计划

课程名称	实施汽车离合器和手动变速器维修	单元名称	实施离合器和手动变速器的维护与维修

鉴定教师姓名：____________

鉴定目的：通过鉴定，确认学习者具有维修和检测离合器和手动变速器零部件的能力

鉴定背景：授课教师：____________；已经授课的时间：________学时；授课的地点：____________

学生：专业：____________年级：____________班级：____________

鉴定时间：____________________鉴定地点：____________________

鉴定方法：口头或书面回答问题、现场指认、展示操作技能

鉴定工具：口头或书面问题清单、观察和练习清单

合理的调整：根据实际需要进行调整

需要的资源：实训场地，具有离合器和手动变速器的车辆，各种工具和零部件

组织要求：有鉴定资格的教师进行鉴定，学生应遵守学生管理条例

具体安排：考虑鉴定中的职场健康与安全、平等参与、公平公正；保留鉴定的各项证据和反馈信息

需要收集的证据：口头或书面问题清单、观察和练习清单、出勤签到表、反馈信息

对学生的说明：1）认真阅读鉴定任务；2）操作中应遵守职场健康与安全的规定；3）应在教师规定的内独立完成鉴定任务；4）完成所有的鉴定工具并均获得合格，才能通过本单元的鉴定；5）鉴定结束后，请确认结果并填写反馈信息；6）如果鉴定不合格，学生应有一次重新鉴定的机会

姓　　名	职　　务	对鉴定安排的意见
____________	____教研室主任____	____________
____________	____汽车系主任____	____________
____________	____________	____________

鉴定工具1：口头或书面问题清单

课程名称	实施汽车离合器和手动变速器维修	单元名称	实施离合器和手动变速器的维护与维修

学生姓名：__________　　鉴定教师姓名：__________

鉴定时间：__________　　鉴定地点：__________

鉴定步骤：回答所有问题，问题的答案应符合汽车维修行业的要求

正确回答以下问题（请选择：口头□　书面□）	对	错	备注
1）请简述汽车离合器维护的内容			
2）离合器液和什么系统的液压油共用一个储液罐			
3）离合器的折装过程中有哪些注意事项			
4）怎样判断离合器摩擦盘是否还可以使用			
5）怎样判断离合器压盘总成是否还可以使用			
6）请简述手动变速器的维护内容			
7）请总结拆装手动变速器时应该要注意些什么			
8）请简述检测三轴变速器第二轴总成（含后轴承）的要点			
9）请简述检测换挡拨叉机构的要点			

学生表现：

合格□　　不合格□

给学生的反馈：

如果不合格，需要重新鉴定的说明：

签字说明学生的表现，完成任务的能力和理论的理解

鉴定教师签字：　　日期：

签字说明同意上述记录属实，反映所完成的任务

学生签字：　　日期：

鉴定工具2：练习和观察清单

课程名称	实施汽车离合器和手动变速器维修	单元名称	实施离合器和手动变速器的维护与维修

学生姓名：______________ 鉴定教师姓名：________________

鉴定时间：__________________ 鉴定地点：____________________

任务说明：

教师随机选择鉴定内容，以确定学生具备实施离合器和手动变速器维护与维修的能力

鉴定步骤：需要展示所有技能，并能被鉴定教师观察到

学生是否具备下列技能：	是	否	备注
1）实做是否遵守了安全操作程序			
2）是否有识别危害，并采用安全程序			
3）是否有采用正确的程序和信息，包括维修手册和说明			
4）是否选用了正确的设备和方法			
5）能否正确完成工作任务			
6）任务完成后，是否完成了现场清理和工具、设备的归置			

学生表现：

合格□ 不合格□

给学生的反馈：

如果不合格，需要重新鉴定的说明：

签字说明学生的表现，完成任务的能力和理论的理解

鉴定教师签字： 日期：

签字说明同意上述记录属实，反映所完成的任务

学生签字： 日期：

单元学习鉴定表

是否在教师的帮助下成功地完成了单元学习目标所制定的工作任务	
	肯定回答
工作任务	
实施离合器和手动变速器维护与维修的准备	合格 □　不合格 □
实施离合器的维护	合格 □　不合格 □
实施离合器的拆装和检修	合格 □　不合格 □
实施三轴变速器的拆装和检修	合格 □　不合格 □
实施两轴变速器的拆装和检修	合格 □　不合格 □
关键能力	
是否根据已有的学习步骤和标准完成资料分析、拟定工作计划	合格 □　不合格 □
是否通过标准，有效正确地开展职场交流	合格 □　不合格 □
是否按照计划，有步骤地朝学习目标努力	合格 □　不合格 □
是否注意了职业态度和职业意识的养成	合格 □　不合格 □
是否有效地利用资源完成学习任务	合格 □　不合格 □

完成情况

上述各项任务和单元任务鉴定必须全部合格。如果不是，应咨询教师是否需要增加学习活动，以达到要求的技能。

学生签字：　　　　　　　　　　　　教师签字：

时　　间：　　　　　　　　　　　　时　　间：

单元三　实施离合器和手动变速器的故障诊断

单元学习目标

通过本单元的学习，掌握离合器和手动变速器故障诊断的相关知识和能力。其具体表现为：

1）实施离合器常见故障诊断。

2）实施手动变速器常见故障诊断。

学习资源

有关汽车离合器和手动变速器工作原理及结构的资料，可以查询下面材料的文字或电子资料。

1）汽车维护手册。

2）长安之星、福特嘉年华等各型汽车维修手册。

3）有关职场健康与安全的法律、法规。

4）有关危险化学物质和危险商品的相关信息。

5）汽车维修设备使用说明书和安全操作规定。

学习场所和设备

1）车间或模拟车间。

2）安装各种类型离合器和手动变速器的车辆或台架。

3）个人防护用品、用具。

4）安全的工作环境和工作场所。

单元学习任务

任务 1　掌握离合器和手动变速器故障诊断程序

任务 2　实施离合器常见故障诊断

任务 3　实施手动变速器常见故障诊断

单元学习鉴定

1）单元鉴定计划

2）鉴定工具1：口述或书面问题清单

3）鉴定工具2：练习和观察清单

4）单元学习鉴定表

任务1　掌握离合器和手动变速器故障诊断程序

学习目标

通过本次学习任务的完成，掌握离合器和手动变速器常见故障的诊断程序，形成快速而准确判断故障的思维能力。

学习信息

在接到故障车辆时，应进入故障诊断程序，如图3-1所示。

1. 问诊

问诊是故障诊断的基础，仔细分析客户提供的故障发生时的症状在维修诊断中非常重要。问诊的内容应该包括：车辆使用状况、行驶里程、发生故障的时间和次数、故障产生的道路状况、故障时车辆的运行工况。问诊时，应根据问诊的情况作准确详实地记录。表3-1所示为故障问诊表。

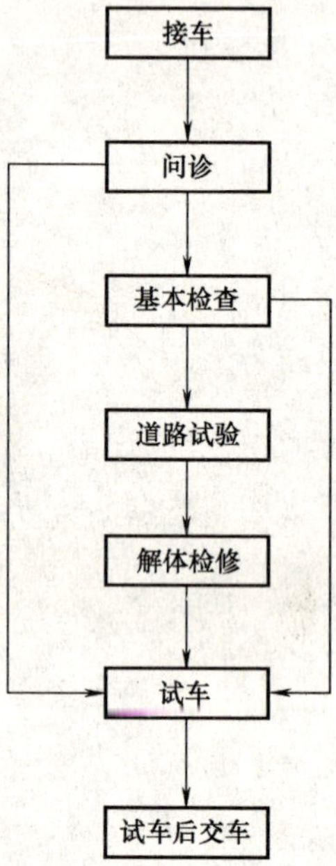

图3-1　故障检测程序

2. 基本检查

1）检查离合器踏板的高度或离合器踏板的自由行程。

2）反复踩踏离合器踏板，检查是否自如、是否有沉重感。

3）检查离合器液是否变质、是否不足。

4）检查液压管路和接头处是否有泄漏痕迹。

5）检查离合器拉索的传动是否可靠。

6）检查变速器油是否变质、是否油量不足。

7）检查变速器通风孔是否堵塞。

8）将车辆低位举升，直到车轮离开地面，反复进行离合器分离和结合试验、变速器换挡试验。

以上基本检查项目如有不合格处，需完成调整后试车，如果问题没有解决，根据情况进入下一程序。

3. 道路测试

在不同路面上行驶，找出故障出现的环境和车辆运行状态，进行判断后确定维修程序。

表 3-1　故障问诊表

基本信息	顾客姓名：		
	车型：	出厂日期：	
	车辆标识号：		
故障现象	车辆不能前进	是□	否□
	怠速时难以挂挡，挂挡后熄火	是□	否□
	起步不灵敏	是□	否□
	低挡起步，整车抖振	是□	否□
	异响	是□	否□
	难以挂入挡位　1 挡□　2 挡□　3 挡□　4 挡□　5 挡□　倒挡□		
	挂挡时出现异响	是□	否□
次数	连续□　间断□		
备注			

完成学习工作页

查询资料，完成工作任务后，填写自测单，交由指导教师签字确认。

问答下列问题

1. 列出车辆故障检测程序。

2. 列出问诊时应该收集的信息，回答为什么这些信息对故障诊断有帮助。

任务1　自测表

在教师的帮助下找出所有的错误并改正，最后由教师确认	
任务要求	回　答
能够正确获得相关信息	是□　否□
能够完成工作准备	是□　否□
关键能力	回　答
是否有计划、组织和团队交流合作	是□　否□

学习评价：　　合格□　　不合格□

学生签字　　　　教师签字

日　期　　　　　日　期

任务2　实施离合器常见故障诊断

学习目标

通过本次学习任务的完成，掌握离合器常见故障的诊断程序，形成故障检测和判断的能力。

学习信息

1. 离合器分离不彻底

(1) 故障现象　发动机怠速运转，完全踩下离合器踏板，原地挂挡时有齿轮撞击声，难以挂入；情况严重时，强制挂入挡位后发动机熄火。

(2) 原因分析

1) 离合器踏板自由行程太大，使其工作行程变小。

2) 分离杠杆内段高度太低，或内侧分离指端相对于飞轮的尺寸不在同一平面内。

3) 摩擦盘厚度超出规定。

4) 从动盘正、反面装错。

5) 从动盘钢片翘曲变形、铆钉松动或摩擦片破裂。

6) 从动盘在花键轴上轴向移动不灵活。

7) 离合器液压传动系统漏油、油液不足或液压系统中进入空气。

(3) 检测程序　离合器分离不彻底的故障检测程序如图3-2所示。

2. 离合器打滑

(1) 故障现象　汽车低速挡起步时，汽车离合器踏板抬很高汽车仍不起步或起步不灵敏；汽车加速行驶时，行驶速度不能随发动机转速的提高而提高，且伴随有离合器发热、产生臭味、冒烟等现象；拉紧驻车制动汽车低速挡起步时，发动机不熄火。

(2) 原因分析

1) 离合器踏板没有自由行程，使分离轴承常压在分离杠杆上。

2) 从动盘摩擦片有油污、烧焦、表面硬化、表面不平或铆钉头露出。

3) 从动盘表面和压盘、飞轮的工作表面磨损严重，厚度减小。

4) 离合器压紧弹簧疲劳、断裂或弹性衰退。

5) 飞轮或离合器盖的固定螺钉松动。

6) 飞轮轴向窜动过大。

(3) 检测程序　检查离合器踏板自由行程，有2种可能：

1) 如果有自由行程，则可能是从动盘有油污、压力弹簧有故障、工作表面不平或磨损疲劳等原因造成，需要解体检查。

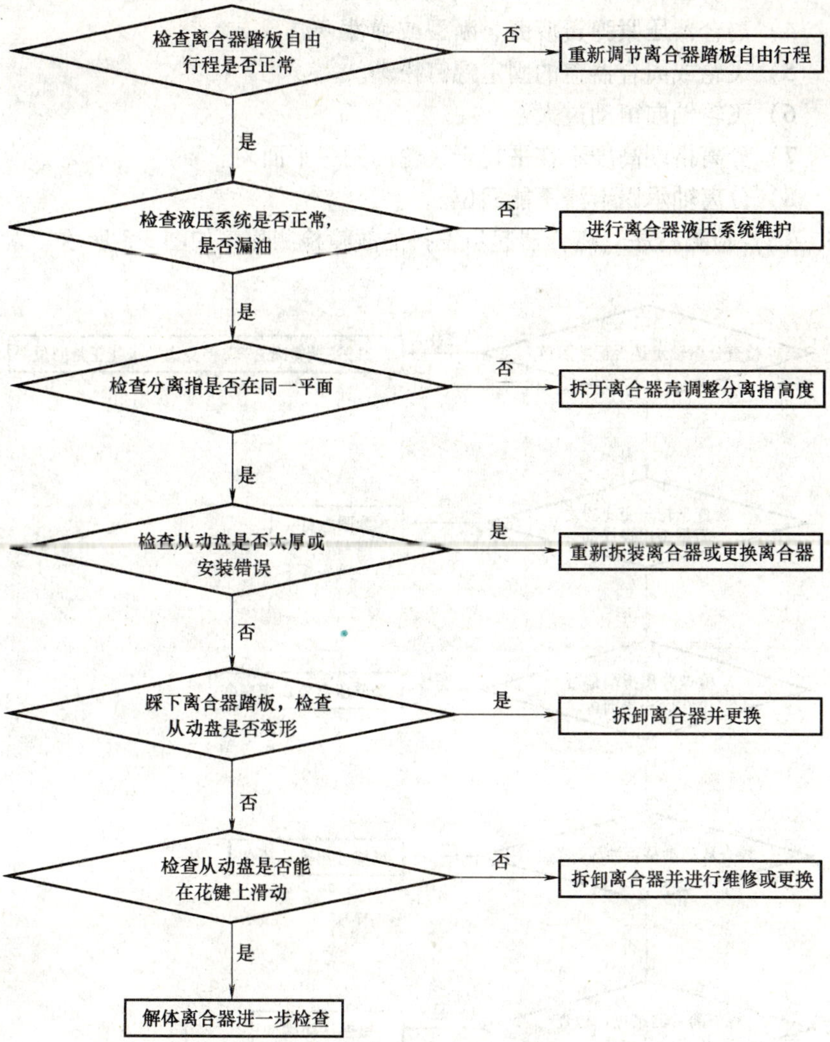

图 3-2　离合器分离不彻底的故障检测程序

2）如果没有自由行程，则可能是分离轴承没有回位，从动盘、压盘飞轮磨损产生分离轴承不回位，可以调整离合器踏板自由行程后观察故障是否排除。如果没有排除，则可能是分离指高度不一致而导致不回位，分离轴承套筒有油污导致轴承不回位等原因，这需要进行解体维修。

3. 离合器起步发抖

（1）故障现象　汽车低速挡起步时，正常操作的情况下逐渐放松离合器踏板并缓慢踩下加速踏板，离合器不能平稳结合且产生抖动，严重时甚至使整车抖振。

（2）原因分析

1）从动盘或压盘翘曲变形。

2）从动盘缓冲扭转弹簧疲劳或折断。

3）从动盘表面油污、不平或铆钉头松动、铆钉头露出。

4）离合器压紧弹簧疲劳、断裂或弹性衰退。

5）飞轮或离合器盖的固定螺钉松动。

6）飞轮轴向窜动过大。

7）分离指端高度不在平行于飞轮的同一平面内。

8）分离轴承因卡滞不能回位。

（3）检测程序　离合器起步发抖的故障检测程序如图3-3所示。

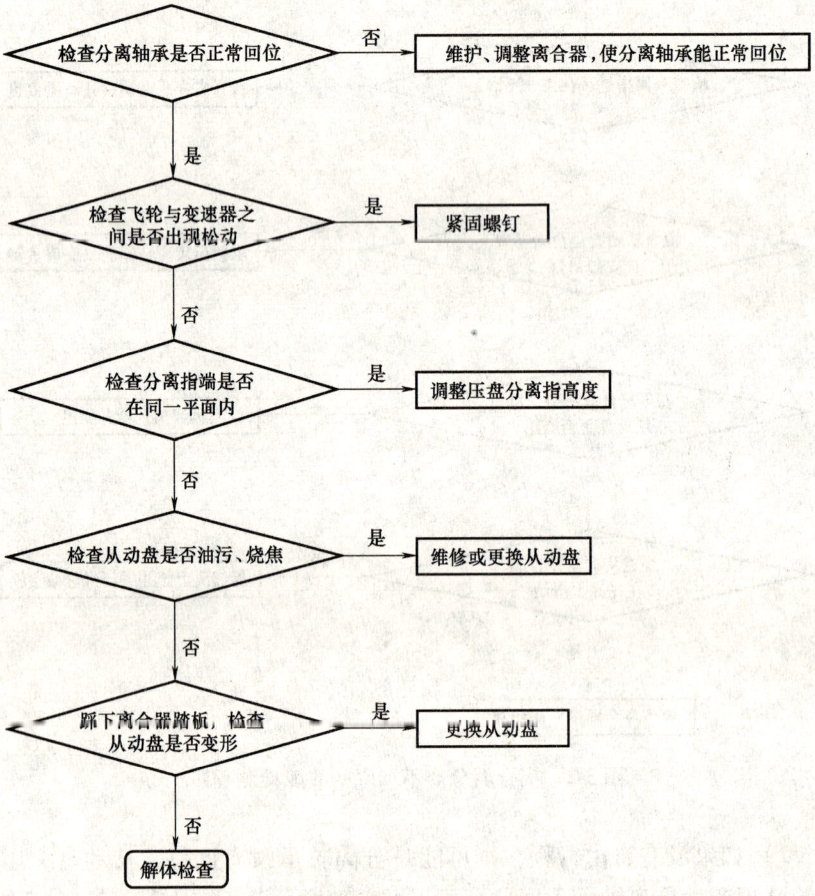

图3-3　离合器起步发抖的故障检测程序

4. 离合器异响

（1）故障现象　离合器结合或分离时发出不正常的响声。

（2）原因分析

1）分离轴承损坏或缺少润滑。

2）分离轴承与分离指端在运转中有碰擦现象。

3）分离轴承不回位与分离指端出现碰擦，可能是分离轴承与分离套筒卡滞、分离轴承复位弹簧脱落或折断。

4）分离指端与离合器盖的支撑环或分离杠杆弹簧疲劳、脱落、折断。

（3）检测程序　离合器异响的故障检测程序如图3-4所示。

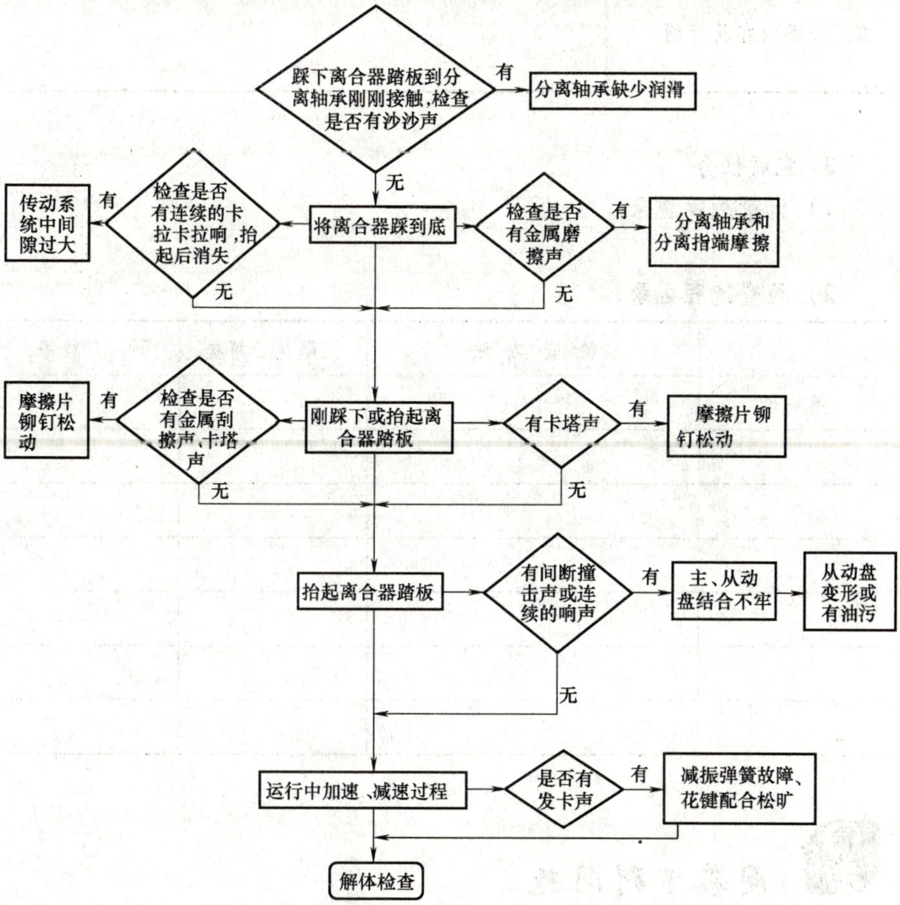

图3-4　离合器异响的故障诊断程序

完成学习工作页

查询资料，完成工作任务后，填写自测单，交由指导教师签字确认。

完成下列任务

1. 安全环保要求

1）进入生产实训现场时，着装整齐，佩带防护用具正确。

2）生产实训现场中，需要遵守安全规则，注意过往车辆和人群，避免意外伤害。

2. 任务准备

对任务进行先期预估，组织分工，拟定工作计划。

小组成员	
所需工具或设备	
拟定任务内容及计划	

3. 完成任务

1）记录故障现象。

2）检查流程记录。

	检 查 方 法	问题是否解决	下一步程序
第一步			

问答下列问题

1. 离合器踏板自由行程不足可能会导致________。

A. 变速器换挡困难　　B. 离合器不能完全分离

C. 变速驱动桥齿轮损坏　　D. 离合器打滑

2. 下列最可能造成离合器颤抖的原因是________。

A. 曲轴轴向间隙过大　　B. 发动机主轴承过松

C. 离合器压盘严重划伤　　D. 压盘与飞轮的安装位置不正确

3. 在离合器接近完全分离时，从离合器和变速器部位发出轴承响的噪声，当刚踩下离合器踏板时没有噪声。甲说可能是离合器导向轴承磨损。乙说可能是变速器输入轴轴承有故障。谁说得对？________。

A. 甲对　　B. 乙对

C. 甲和乙都对　　D. 甲和乙都不对

4. 有一液压操纵离合器，当离合器踏板踩到底时，离合器不能正常分离。这种故障的原因可能是________。

A. 离合器踏板自由行程小于规定值　B. 离合器液压操纵系统中有空气

C. 离合器摩擦片磨损　　　　D. 压盘划伤

5. 甲说调整离合器踏板自由行程是改变了分离轴承与离合器分离杠杆指端之间的距离。乙说分离轴承磨损会使离合器在踏板松开时产生较大的噪声。谁说的对？________。

A. 甲对　　　　B. 乙对

C. 甲和乙都对　　　　D. 甲和乙都不对

6. 甲说如果对飞轮进行车削加工，修理时去除的材料太多，则可能会使离合器摩擦片上的扭转减振弹簧与飞轮螺栓相接触，导致离合器结合和分离时产生噪声。乙说如果对飞轮进行修理加工时，去除的材料太多，可能会使离合器从动缸行程不足，从而导致离合器不能正常分离。谁说得对？________。

A. 甲对　　　　B. 乙对

C. 甲和乙都对　　　　D. 甲和乙都不对

7. 当踩下离合器踏板且发动机运转时，离合器产生吱吱的噪声。当抬起离合器踏板时，噪声消失。甲说这是因为分离轴承磨损，必须予以更换。乙说这是输入轴磨损，必须更换。谁说得对？

A. 甲对　　　　B. 乙对

C. 甲和乙都对　　　　D. 甲和乙都不对

8. 请认真思考，分析至少4个影响因素，完成分析表：

故障现象	原因分析	检查项目	措施
离合器分离不彻底			
离合器打滑			
离合器异响			

任务2 自测表

在教师的帮助下找出所有的错误并改正，最后由教师确认

任务要求	回　答
能根据故障现象拟定检测方案	是□　否□
能够建立故障诊断思路	是□　否□
关键能力	回　答
是否有计划、组织和团队交流合作	是□　否□

学习评价：　合格□　不合格□

学生签字　教师签字

日　期　日　期

任务3　实施手动变速器常见故障诊断

学习目标

通过本次学习任务的完成，掌握手动变速器常见故障的诊断程序，形成故障检测和判断的能力。

学习信息

1. 变速器跳挡

（1）故障现象　汽车重载加速行驶和爬坡时，变速杆从某挡位自动跳回空挡位置。

（2）原因分析

1）相啮合的齿轮啮合部位磨损成锥形。

2）相啮合的齿轮啮合部位未达到齿的全长或自锁钢球未进入凹槽内。

3）各轴的轴向间隙或径向间隙超差。

4）各啮合齿轮与其轴上的轴向间隙或径向间隙超差。

5）轴承磨损松旷，造成曲轴、各轴不同轴。

（3）检测程序　变速器跳挡的故障检测程序如图3-5所示。

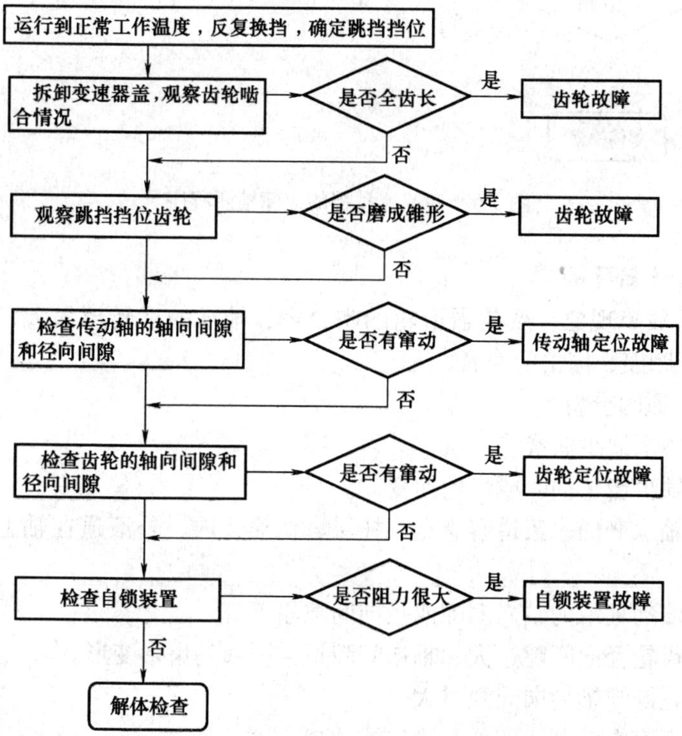

图3-5　手动变速器跳挡的故障检测程序

2. 变速器乱挡

(1) 故障现象　在离合器彻底分离的情况下，挂不上挡或摘不下挡；或要挂入某挡，却挂在别的挡上。

(2) 原因分析

1) 互锁装置损坏。

2) 变速杆下端长度不足或下端磨损过大。

3) 变速杆下端球头定位销松旷、切断。

(3) 检测程序　变速器乱挡的故障检测程序如图 3-6 所示。

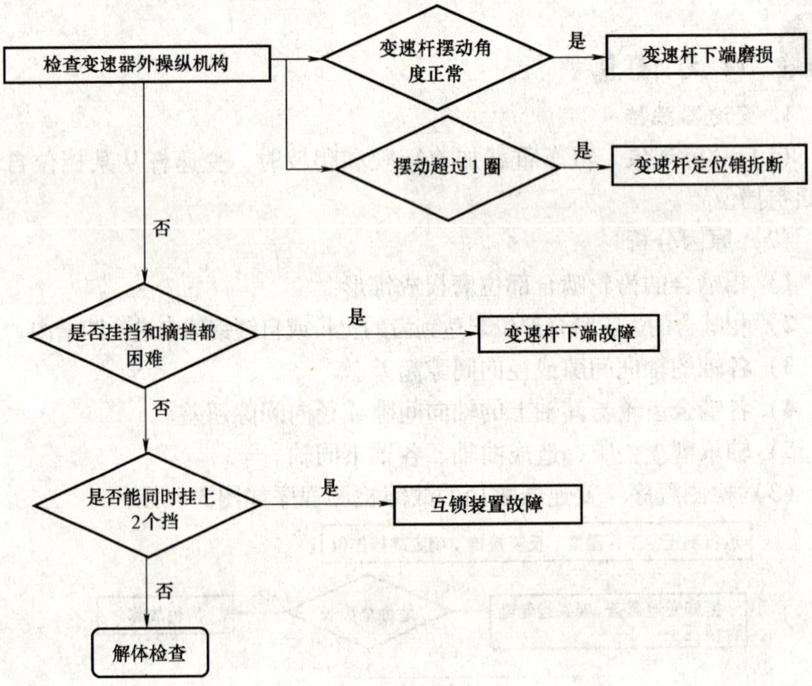

图 3-6　变速器乱挡的故障检测程序

3. 变速器异响

(1) 故障现象　变速器齿轮的啮合声、轴承的运转声太大，或变速器发出干摩擦、撞击的声音。

(2) 原因分析

1) 轴承缺少润滑。

2) 缺少齿轮油，或齿轮油变质。

3) 轴承变形，滚道有麻点、托层、伤痕，内、外滚道在轴上或壳体内转动。

4) 滚动轴承的轴向间隙或径向间隙超差。

5) 齿轮径向间隙过大、轴向间隙过大，或是齿形变形。

6) 花键与轴周向间隙过大。

7) 齿面有毛刺、凹坑、脱层或缺损。

8）个别齿轮有断齿。

9）轴类零件有弯曲变形。

10）各轴的轴向定位松动。

11）自锁装置凹槽、钢球磨损严重，或自锁弹簧疲劳、折断，造成挂挡时越位。

（3）检测程序　变速器异响的故障检测程序如图 3-7 所示。

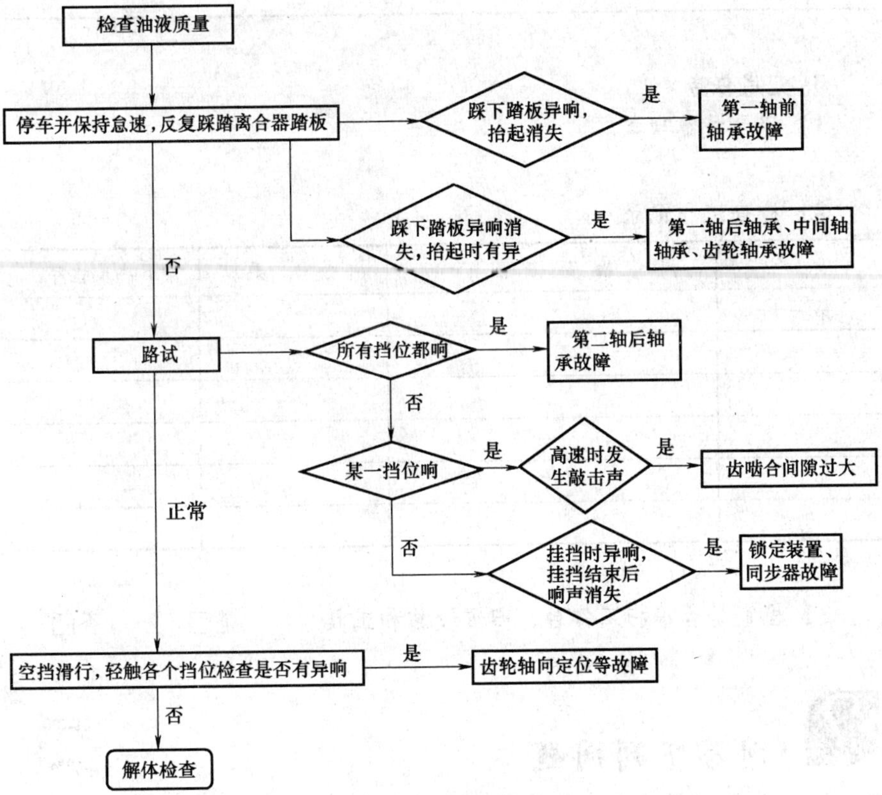

图 3-7　变速器异响的故障检测程序

完成学习工作页

查询资料，完成工作任务后，填写自测单，交由指导教师签字确认。

完成下列任务

1. 安全环保要求

1）进入生产实训现场时，着装整齐，佩带防护用具正确。

2）生产实训现场中，需要遵守安全规则，注意过往车辆和人群，避免意外伤害。

2. 任务准备

对任务进行先期预估，组织分工，拟定工作计划。

小组成员	
所需工具或设备	
拟定任务内容及计划	

3. 完成任务

1）记录故障现象。

2）检查流程记录。

	检查方法	效果	下一步程序
第一步			

3）检查是否清扫工作台，归置设施和工具　　是□　　否□

回答下列问题

1. 甲说同步器结合套如果不能在锁环上和齿轮上平顺地滑动，则可能导致换挡困难。乙说必须将同步器花键毂和接合套之间相互做好记号然后再进行解体。谁说得对？________。

A. 甲对　　B. 乙对

C. 甲和乙都对　　D. 甲和乙都不对

2. 中间轴轴承和导向轴承有麻点和划伤。甲说这可能会在发动机怠速、变速器空挡和松开离合器踏板时导致变速器产生隆隆的噪声。乙说变速器在任何挡位时都会产生隆隆的噪声。谁说的对？________。

A. 甲对　　B. 乙对

C. 甲和乙都对　　D. 甲和乙都不对

3. 4 挡变速器（三轴变速器）输入轴轴向间隙过大可能会引起变速器________挡脱挡。

A. 1 挡　　B. 2 挡

C. 4 挡　　　　　　　　　　D. 倒挡

4. 变速驱动桥能够正常换入所有前进挡，但不能换入倒挡，试图换入倒挡时没有产生噪声的迹象。甲说这可能是倒挡的换挡拨叉断裂。乙说可能是倒挡惰轮齿面磨损。谁说得对？________。

A. 甲对　　　　　　　　　　B. 乙对

C. 甲和乙都对　　　　　　　D. 甲和乙都不对

5. 有一5挡手动变速驱动桥只在3挡时产生“隆隆”和“咯咯”声。可能的故障原因是：________。

A. 输入轴上3挡齿轮的齿面磨损或剥落

B. 输入轴上3挡齿轮的结合齿磨损

C. 3挡同步器锁环上的结合齿磨损

D. 3挡同步器锁环的锥面螺纹磨损

6. 换挡拨叉轴弯曲可能会导致：________。

A. 变速器脱挡　　　　　　　B. 某些挡位换挡困难

C. 某些挡位换挡时冲击　　　D. 某些挡位行驶时齿轮产生噪声

7. 2挡齿轮接合齿和同步器严重磨损，这可能会导致：________。

A. 2挡行驶时产生“隆隆”声　　B. 2挡加速时产生振动

C. 2挡和3挡换挡困难　　　　D. 变速驱动桥从2挡脱挡

8. 各挡均带有同步器的4挡手动变速驱动桥在所有前进挡和倒挡均产生齿轮冲击。这可能是因为：________。

A. 4挡同步器磨损　　　　　B. 离合器摩擦片卡滞在输入轴上

C. 同步器锁环磨损　　　　　D. 3挡或4挡换挡拨叉磨损

9. 在讨论倒车灯开关时，甲说倒车灯开关位于变速器中，并且处于常开状态。乙说倒车灯开关在点火钥匙处，于RUN位置时能够有电，当汽车换入倒挡时倒车灯开关闭合。谁说的对？________。

A. 甲对　　　　　　　　　　B. 乙对

C. 甲和乙都对　　　　　　　D. 甲和乙都不对

10. 延伸壳衬套过早磨损很可能是由于：________。

A. 车速里程表主动和被动齿轮磨损　B. 延伸壳接合面不平

C. 变速器通风孔堵塞　　　　D. 变速器输出轴轴向间隙过大

11. 甲说换挡传动装置不正确可能会导致变速驱动桥换挡困难。乙说换挡传动装置调整不正确可能导致摘不下挡。谁说得对？________。

A. 甲对　　　　　　　　　　B. 乙对

C. 甲和乙都对　　　　　　　D. 甲和乙都不对

12. 有一手动变速器从2挡脱落。甲说可能是2挡齿轮和与之相啮合的同步器之间的轴向间隙过大。乙说可能是换挡拨叉轴上的止动弹簧弹力过弱。谁说得对？________。

A. 甲对　　　　　　　　　　B. 乙对

C. 甲和乙都对　　　　　　　D. 甲和乙都不对

13. 有一4挡手动变速驱动桥从2挡脱挡。甲说可能是3-4挡换挡拨叉轴锁止定位弹簧的弹力太弱。乙说可能是4挡齿轮结合齿过度磨损。谁说得对？________。

A. 甲对　　B. 乙对

C. 甲和乙都对　　D. 甲和乙都不对

14. 换挡拨叉轴锁止定位弹簧折断可能会导致下列故障中除了________的故障。

A. 变速器脱挡　　B. 换挡冲击

C. 两挡之间卡滞　　D. 产生“隆隆”的噪声

15. 汽车车速表有故障而停止工作，但车速传感器电路和车速表表头良好。下列故障中哪一个是最不可能的原因？________。

A. 主动和被动齿轮断齿

B. 主动齿轮在车速传感器端部打滑

C. 主动齿轮在输出轴上的位置不正确

D. 被动齿轮断齿

16. 完成变速器的故障分析（至少分析4种影响因素）

故障现象	原因分析	检查项目	措施
跳挡			
乱挡			
变速器噪声			

任务3 自测表

在教师的帮助下找出所有的错误并改正，最后由教师确认

任务要求	回 答
能根据故障现象拟定检测方案	是□ 否□
能够建立故障诊断思路	是□ 否□
关键能力	回 答
是否有计划、组织和团队交流合作	是□ 否□

学习评价： 合格□ 不合格□

学生签字 教师签字

日 期 日 期

单元学习鉴定

在完成本单元所有工作任务的学习后，由教师组织、实施单元鉴定。

1）鉴定计划

2）鉴定工具1：口头或书面问题清单

3）鉴定工具2：练习和观察清单

4）单元鉴定表

鉴定计划

课程名称	实施汽车离合器和手动变速器维修	单元名称	实施汽车离合器和手动变速器的故障诊断

鉴定教师姓名：________

鉴定目的：通过鉴定，确认学习者具有认识离合器和手动变速器的结构和工作过程的能力

鉴定背景：授课教师：________；已经授课的时间：______学时；授课的地点：________

学生：专业：________年级：________班级：________

鉴定时间：________鉴定地点：________

鉴定方法：口头或书面回答问题、现场指认、展示操作技能

鉴定工具：口头或书面问题清单、观察和练习清单

合理的调整：根据实际需要进行调整

需要的资源：实训场地，具有离合器和手动变速器的车辆，各种工具和零部件

组织要求：有鉴定资格的教师进行鉴定，学生应遵守学生管理条例

具体安排：考虑鉴定中的职场健康与安全、平等参与、公平公正；保留鉴定的各项证据和反馈信息

需要收集的证据：口头或书面问题清单、观察和练习清单、出勤签到表、反馈信息

对学生的说明：1）认真阅读鉴定任务；2）操作中应遵守职场健康与安全的规定；3）应在教师规定的内独立完成鉴定任务；4）完成所有的鉴定工具并均获得合格，才能通过本单元的鉴定；5）鉴定结束后，请确认结果并填写反馈信息；6）如果鉴定不合格，学生应有一次重新鉴定的机会。

姓　名	职　务	对鉴定安排的意见
________	____教研室主任____	________
________	____汽车系主任____	________
________	________	________

鉴定工具1：口头或书面问题清单

课程名称	实施汽车离合器和手动变速器维修	单元名称	实施汽车离合器和手动变速器的故障诊断

学生姓名：______________　　鉴定教师姓名：______________

鉴定时间：______________　　鉴定地点：______________

鉴定步骤：回答所有问题，问题的答案应符合汽车维修行业的要求

正确回答以下问题（请选择：口头□　书面□）	对	错	备注
1）离合器的常见故障有哪些			
2）踏板自由行程过小会造成离合器打滑吗？为什么			
3）离合器出现接合时抖动，请分析可能的原因			
4）请简述可能造成离合器分离不彻底的原因			
5）如果离合器出现噪声，请陈述可能的检查方法和流程			
6）怎样判断手动变速器异响部位？请陈述检测方法			
7）请简述可能造成手动变速器乱挡的原因			
8）请简述可能造成手动变速器跳挡的原因			

学生表现：

合格 □　　不合格 □

给学生的反馈：

如果不合格，需要重新鉴定的说明：

签字说明学生的表现，完成任务的能力和理论的理解

鉴定教师签字：　　　　　　日期：

签字说明同意上述记录属实，反映所完成的任务

学生签字：　　　　　　日期：

鉴定工具2：练习和观察清单

课程名称	实施汽车离合器和手动变速器维修	单元名称	实施汽车离合器和手动变速器的故障诊断

学生姓名：________　　鉴定教师姓名：________

鉴定时间：________　　鉴定地点：________

任务说明：

由教师安排车辆或视讯台架，设置真实故障或模拟故障，由学生进行故障检测。在完成任务过程中确定具备检测离合器和手动变速器维护与维修的能力

鉴定步骤：需要展示所有技能，并能被鉴定教师观察到

学生是否具备下列技能：	是	否	备注
1）实做是否遵守了安全操作程序			
2）是否有识别危害，并采用安全程序			
3）是否有采用正确的程序和信息，包括维修手册和说明			
4）是否选用了正确的设备和方法			
5）能否正确完成工作任务			
6）任务完成后，是否完成了现场清理和工具、设备的归置			

学生表现：

合格 □　　不合格 □

给学生的反馈：

如果不合格，需要重新鉴定的说明：

签字说明学生的表现，完成任务的能力和理论的理解

鉴定教师签字：　　日期：

签字说明同意上述记录属实，反映所完成的任务

学生签字：　　日期：

单元学习鉴定表

是否在教师的帮助下成功地完成了单元学习目标所制定的工作任务	
	肯定回答
工作任务	
知道离合器打滑的原因、检测方法及程序	合格 □ 不合格 □
知道离合器分离不彻底的原因、检测方法及程序	合格 □ 不合格 □
知道离合器结合时抖动的原因、检测方法及程序	合格 □ 不合格 □
知道离合器异响的原因、检测方法及程序	合格 □ 不合格 □
知道手动变速器跳挡的原因、检测方法及程序	合格 □ 不合格 □
知道手动变速器乱挡的原因、检测方法及程序	合格 □ 不合格□
知道手动变速器异响的原因、检测方法及程序	合格 □ 不合格 □
关键能力	
是否根据已有的学习步骤和标准完成资料分析、拟定工作计划	合格 □ 不合格 □
是否通过标准，有效正确地开展职场交流	合格 □ 不合格 □
是否按照计划，有步骤地朝学习目标努力	合格 □ 不合格 □
是否注意了职业态度和职业意识的养成	合格 □ 不合格 □
是否有效地利用资源完成学习任务	合格 □ 不合格 □

完成情况

上述各项任务和单元任务鉴定必须全部合格。如果不是，应咨询教师是否需要增加学习活动，以达到要求的技能。

学生签字： 教师签字：

时　　间： 时　　间：

学习评估单

学生用评估问卷1：学生用书

评估者姓名______________　评估学科：________________

班　　级：____________　评估时间　________年____月____日

本调查问卷主要用于学生对学习用书的调查，可以自愿选择署名或匿名方式填写问卷。

1. 请根据自己的情况在相应的栏目画“✓”。

评估项目＼评估等级	非常同意	同意	没有意见	不同意	非常不同意
1）学生用书内容清楚，解释准确					
2）学习目标阐述清楚					
3）陈述的学习方法适合学习任务					
4）学习活动与设备、场地相配套					
5）学习材料中有关于学习对象的明确说明					
6）学习材料明确定义了学习该技能和知识的基础要求					
7）学习内容能让我达到学习目的					
8）学生用书中有清楚的使用指南					
9）学生用书排序具有逻辑性					
10）视听材料能够帮助学习					
11）学生用书文字简练、明白易懂					
12）学生用书留有笔记的空白处					
13）学生用书中有学习活动安排					
14）学习活动有助于技能的掌握					
15）学生用书含有职场安全方面的内容					

2. 请用文字说明以下问题评估。

（1）学习者最喜欢学生用书的这些方面：

（2）学习者最不喜欢学生用书的这些方面：

（3）学生用书中的内容是否对你都有用？

(4) 学生用书中哪些内容该去掉、修改或增加?

(5) 学习者最需要的帮助是:

(6) 学生用书中理论与实作的比例(请用符号"✓"表示您的选择):
理论太多□　　　　正合适□　　　　实作太多□

(7) 学习者认为该学生用书的难易程度(请用符号"✓"表示您的选择):
太难□　　难□　　合适□　　简单□　　太简单□

学生用评估问卷2：教学方法

评估者姓名________________　　评估学科：__________________

班　　级：______________　　评估时间________年____月____日

本调查问卷主要用于学生对学习用书的调查，可以自愿选择署名或匿名方式填写问卷。

1. 请根据自己的情况在相应的栏目画“✓”。

评估等级 / 评估项目	非常同意	同意	没有意见	不同意	非常不同意
1）学习活动能够帮助学习者学习该课程					
2）活动目的清楚明了					
3）教学中有足够的互动性活动					
4）学习者能清晰知道学习活动任务					
5）活动排序能提高学习者的能力					
6）活动安排能够提高学习者的学习兴趣					
7）学习活动有助于技能的掌握					
8）学习者乐于参加学习活动					
9）学习活动含有职场安全方面的内容					
10）活动鉴定公正适当					
11）教师语言通俗易懂					
12）教师的专业技能具有示范作用					
13）教师在教学中注重了学习反馈					

2. 请用文字说明以下问题评估（请用符号“✓”表示您的选择）。

(1) 学习者认为教学活动使用了足够的视听教学设备吗？

使用太多 □　　使用合适 □　　使用太少 □

(2) 教师讲课比例：

讲课太多 □　　恰到好处 □　　讲课太少 □

(3) 学生小组讨论安排比例：

讨论太多 □　　恰到好处 □　　讨论太少 □

(4) 学生小组活动安排比例：

活动太多 □　　恰到好处 □　　活动太少 □

(5) 活动安排的时间长短：

时间太长 □　　恰到好处 □　　时间太短 □

(6) 学生练习安排比例：

练习太多 ☐　　恰到好处 ☐　　练习太少 ☐

(7) 教学的进度：

进度太快 ☐　　进度合适 ☐　　进度太慢 ☐

学生用评估问卷3：学习方法

评估者姓名________ 评估学科：________

班　　级：________ 评估时间 ________年____月____日

本调查问卷主要用于学生对学习用书的调查，可以自愿选择署名或匿名方式填写问卷。

1. 请根据自己的情况在相应的栏目画“✓”。

评估项目 \ 评估等级	非常同意	同意	没有意见	不同意	非常不同意
1）学习方法适合学习者的学习风格					
2）学习方法简便易行					
3）学习方法能有效地帮助学习者获得知识和技能					
4）学习方法改善了学习者和老师的关系					
5）学习方法让学习者参与了每一个学习活动					
6）学习方法让学习者和同学的关系更加融洽					
7）学习方法增强了学习者的自学能力					
8）学习方法使学习者增强了学习的信心					
9）学习方法让学习者感到了学习的乐趣					
10）学习方法让学习者增长了更广的知识和技能					
11）学习方法让学习者对今后的工作更有信心					

2. 请用文字说明以下问题评估。

（1）你最喜欢哪些学习方法？

（2）学习者最不喜欢哪些学习方法？请说明原因。

（3）还有哪些学习者感兴趣的学习方法？请列举。

（4）学习者最需要的帮助是：

学生用评估问卷4：学习鉴定

评估者姓名______________ 评估学科：____________________

班　　级：____________ 评估时间 ________年____月____日

本调查问卷主要用于学生对学习用书的调查，可以自愿选择署名或匿名方式填写问卷。

1. 请根据自己的情况在相应的栏目画“✓”。

评估等级 评估项目	非常同意	同意	没有意见	不同意	非常不同意
1）鉴定指南中的信息清楚，阐述明白					
2）鉴定指南让学习者更好地了解了鉴定					
3）鉴定的知识和技能符合能力标准要求					
4）鉴定的知识和技能符合学习者的学习需求					
5）鉴定指南中有明确的鉴定时间					
6）鉴定指南中有具体的鉴定内容					
7）鉴定指南中有确切的鉴定标准					
8）鉴定指南中有清晰的鉴定程序					
9）鉴定指南中有明确的鉴定工具					
10）鉴定方式适合职场要求					
11）鉴定方式、标准和内容公平、公正					
12）鉴定方式是灵活多样的					
13）学习者能适应这种鉴定方式					
14）学习者乐意接受这种鉴定					

2. 请用文字说明以下问题评估。

（1）学习者认为鉴定指南中的信息都有帮助吗？哪些可以删去？

（2）学习者认为鉴定指南中的信息全面足够吗？还应补充哪些方面的信息？

（3）学习者最需要的帮助是：

学生用评估问卷5：小组合作学习

评估者姓名＿＿＿＿＿＿＿　评估学科：＿＿＿＿＿＿＿＿＿＿

班　　级：＿＿＿＿＿＿＿　评估时间＿＿＿＿年＿＿月＿＿日

本调查问卷主要用于学生对学习用书的调查，可以自愿选择署名或匿名方式填写问卷。

我与小组合作： 选择适当答案并画“✓”，有所改进画“△”			
1. 关于自己	自己评估	小组评估	再次评估
学习者在小组活动会发言			
学习者会倾听他人意见			
学习者会向小组提意见			
学习者会鼓励他人为小组作贡献			
学习者在小组工作中不舒心			
小组工作使任务更简单			
学习者更愿意独立完成任务			
学习者更愿意仅与一个人合作完成任务			
2. 关于小组			
人人都为小组作贡献			
一两个人常主宰小组讨论			
小组中有人仅做自己的事情			
当有不懂问题时，小组的人会请求小组其他人帮助			

参考文献

[1] 赵计平，刘渝，李雷．汽车维修技术人员培训能力标准[S]．重庆：重庆大学出版社，2007.

[2] 陈家瑞．汽车构造：下册[M]．北京：机械工业出版社，2001.

[3] 黄文伟，等．汽车维修实训[M]．北京：清华大学出版社，2003.

[4] 张红伟．汽车底盘构造及维修[M]．2版．北京：高等教育出版社，2007.

[5] 沈锦．汽车底盘构造与检修[M]．北京：机械工业出版社，2007

[6] 郭海龙．汽车手动与自动变速器及驱动桥系统维修[M]．北京：中国劳动社会保障出版社，2007.

[7] 全国汽车维修专项技能认证技术支持中心编写组．手动变速器和驱动桥[M]．北京：教育科学出版社，2003.

[8] J厄尔贾维克．汽车手动变速器和变速驱动桥[M]．林海，马盛明，等译．北京：机械工业出版社，2006.